# LA GUIDA DEFINITIVA AL LIBRO DI CUCINA DELLE SPEZIE E DELLE ERBE AROMATICHE

## 100 INCREDIBILI RICETTE CHE ARRICCHIRANNO IN MODO UNICO I VOSTRI PIATTI

FILIPPO ONIO

## Tutti i diritti riservati.

## Disclaimer

Le informazioni contenute in questo eBook intendono servire come una raccolta completa di strategie su cui l'autore di questo eBook ha svolto ricerche. Riassunti, strategie, suggerimenti e trucchi sono solo raccomandazioni dell'autore e la lettura di questo eBook non garantisce che i propri risultati rispecchino esattamente i risultati dell'autore. L'autore dell'eBook ha compiuto ogni ragionevole sforzo per fornire informazioni aggiornate e accurate ai lettori dell'eBook. L'autore e i suoi associati non saranno ritenuti responsabili per eventuali errori o omissioni non intenzionali che potrebbero essere trovati. Il materiale contenuto nell'eBook può includere informazioni di terzi. I materiali di terze parti comprendono opinioni espresse dai loro proprietari. In quanto tale, l'autore dell'eBook non si assume alcuna responsabilità per materiale o opinioni di terzi.

L'eBook è copyright © 2022 con tutti i diritti riservati. È illegale ridistribuire, copiare o creare lavori derivati da questo eBook in tutto o in parte. Nessuna parte di questo rapporto può essere riprodotta o ritrasmessa in alcun modo riprodotta o ritrasmessa in qualsiasi forma senza l'autorizzazione scritta espressa e firmata dall'autore.

# SOMMARIO

## SOMMARIO .................................................................. 4
## INTRODUZIONE ........................................................ 8
## COLAZIONE ALLE ERBE ....................................... 11
### 1. Uova ripiene di nasturzi ............................................... 12
### 2. Frittata alle erbe spontanee ........................................ 15
### 3. Uova in salsa di erbe .................................................. 17
### 4. Pita di verdure, erbe aromatiche e uova ..................... 20
### 5. Salsiccia fresca alle erbe ............................................ 23

## ANTIPASTI ALLE ERBE ......................................... 25
### 6. Carotine sott'aceto alle erbe ...................................... 26
### 7. Carciofi alle erbe ....................................................... 28
### 8. Tartine con glassa alle erbette di limone ................... 31
### 9. Pizza al formaggio fresco alle erbe ............................ 34
### 10. Biscotti alle erbette fresche ed erba cipollina........... 37
### 11. Involtini primavera vietnamiti ................................. 40
### 12. Formaggio haloumi fritto ........................................ 43
### 13. Frittelle alle erbe ..................................................... 46
### 14. Gamberi alle erbe in birra ....................................... 49
### 15. Fichi secchi alle erbe ............................................... 52
### 16. Focaccia facile alle erbe .......................................... 54

## POLLO ALLE ERBE E TURCHIA ........................... 57
### 17. Pollo alle erbe sbriciolato ........................................ 58
### 18. Crema di pollo alle erbe .......................................... 61
### 19. Tacchino glassato all'albicocca di Digione .............. 63
### 20. Pollo e riso su salsa alle erbe .................................. 66
### 21. Pollo in crema ed erbe aromatiche .......................... 69
### 22. Madera di pollo sui biscotti..................................... 72

23. Zuppa di pollo alle erbe ............................................. 75
24. Pollo al vino ed erbe aromatiche ............................... 78

## PASTA ALLE ERBE ............................................................. 80

25. Ravioli alle erbe ............................................................ 81
26. Linguine alle erbe miste .............................................. 84
27. Farfalle con salsa alle erbe ......................................... 87
28. Tagliatelle all'uovo con aglio ...................................... 90
29. Cappellini con spinaci alle erbe ................................. 92
30. Gnocchi ai funghi ......................................................... 95

## FRUTTI DI MARE ALLE ERBE .......................................... 98

31. Crema di gamberi alle erbe ........................................ 99
32. Riso alle erbe della Malesia ..................................... 102
33. Capelli d'angelo con salmone affumicato ............. 105
34. Baccalà alle erbe ....................................................... 108
35. Salmone in camicia freddo ...................................... 111
36. Filetti di erbe aromatiche all'aneto ......................... 114
37. Pesce ed erbette al forno croccanti ....................... 117
38. Fettuccine con gamberi ........................................... 120
39. Cozze all'aglio ............................................................ 122
40. Pesce ai Caraibi con vino ......................................... 125
41. Rana pescatrice con erbe aromatiche .................. 128

## MAIALE E AGNELLO ALLE ERBE ................................. 131

42. Cotolette di maiale alle erbe ................................... 132
43. Salsiccia alle erbe del monastero .......................... 135
44. Filetto di agnello alle erbe ....................................... 138

## VERDURE ALLE ERBE ..................................................... 141

45. Asparagi con salsa alle erbe ................................... 142
46. Casseruola di mais alle erbe ................................... 145
47. Capesante di mais alle erbe .................................... 147

48. Riso alle erbe al forno con noci pecan ..................... 149
49. Insalata di verdure ........................................................ 152
50. Insalata di ceci ed erbe aromatiche ......................... 155
51. Zuppa di zucca estiva .................................................. 158
52. Erbe fresche e parmigiano ......................................... 161
53. Confetti vegetali alle erbe .......................................... 164
54. Zuppa bavarese alle erbe ........................................... 166
55. Orzo alle erbe arrosto ................................................. 169
56. Arrosto di anacardi con ripieno di erbe ................. 172
57. Kasha con frutta secca ............................................... 175

## DOLCI ALLE ERBE ................................................................. 178

58. Gelato alle erbe al limone ......................................... 179
59. Gelatina alle erbe ......................................................... 182
60. Biscotti alle erbe al limone ........................................ 185
61. Tortino di pollo alle erbe ........................................... 188
62. Mix di popover alle erbe ............................................ 191

## PANE ALLE ERBE ................................................................... 194

63. Involtini alle erbe ......................................................... 195
64. Pane alle erbe dell'orto .............................................. 198
65. Pane alle erbe di lavanda .......................................... 201
66. Mezzelune di erbe di grano cheddar ..................... 204
67. Pane alle erbe di farina di mais ............................... 207
68. Mezzaluna alle erbe di campagna .......................... 209

## CONDIMENTI ALLE ERBE ................................................... 211

69. Condimento alle erbe ................................................. 212
70. Mix di erbe etiopi (berbere) ...................................... 214
71. Mix di condimenti per insalata di erbe .................. 217
72. Aceto di erbe miste ..................................................... 220
73. Pesto misto alle erbe ................................................... 222
74. Marinata di senape alle erbe .................................... 225

75. Salsa dolce alle erbe ............................................. 227
76. Condimento agli agrumi ..................................... 229
77. Condimento alle erbe aromatiche ...................... 231
78. Miscela di erbe di Provenza ............................... 233
79. Marinata alle erbe e olio..................................... 235
80. Aceti alle erbe facili............................................ 237
81. Pesto di acetosa ed erba cipollina...................... 239
82. Condimento alle erbe di cetriolo......................... 242
83. Strofinare alle erbe noci pecan .......................... 244
84. Condimento alle erbe aromatiche ...................... 247
85. Strofinare aglio-limone-erba............................... 249
86. Salsa di erbette al dolce latte ............................ 251
87. Miscela di erbe francesi ..................................... 254
88. Burro alle erbe e spezie ..................................... 256
89. Condimento vegetale alle erbe .......................... 258
90. Salsa di bacon, pomodoro ed erbe aromatiche.. 261
91. Crema spalmabile all'aglio ................................. 263
92. Chevre con erbe aromatiche spalmate .............. 266

## BEVANDE ALLE ERBE ..............................................268

93. Liquore speziato alle erbe.................................. 269
94. Tè freddo alle erbe alla frutta............................. 272
95. Raffreddatore alle erbe di ghiaccio..................... 274
96. Tisana al lampone .............................................. 279
97. Tè al cardamomo ................................................ 281
98. Tè di Sassofrasso .............................................. 283
99. Tè alla Moringa .................................................. 285
100. Infuso di salvia ................................................. 288

## CONCLUSIONE......................................................290

# INTRODUZIONE

Le erbe aromatiche sono piante aromatiche commestibili utilizzate per insaporire i piatti. La maggior parte delle erbe sono utilizzate sia per usi culinari che medicinali e provengono da piante che possono essere utilizzate per le loro foglie, come erbe e anche per i loro semi, come spezie.

Sia gli chef che i cuochi casalinghi usano erbe fresche e secche per preparare piatti sia dolci che salati, che vanno da salse ricche a insalate leggere e prodotti da forno alle erbe. Oltre ai loro usi culinari, le erbe medicinali e i loro preziosi oli essenziali sono stati utilizzati per i loro benefici per la salute fin dal Medioevo, che vanno dai benefici antinfiammatori e antivirali ai poteri topici di schiarimento della pelle.

Quando le erbe sono di stagione, rallegrati delle ricette che incorporano rosmarino celeste, basilico, aneto, menta, origano e timo. Cucinare con le erbe non solo sprigiona ottimi sapori freschi, ma è anche salutare!

Qui, le erbe sono un ingrediente principale, piuttosto che un contorno. Mezza tazza o più di basilico, coriandolo, menta o qualsiasi altra erba fresca possono essere solo il biglietto per aggiungere un sapore vivace a tutti i tipi di piatti. Dall'insalata di ceci con aneto ai soffici falafel confezionati con coriandolo e prezzemolo fino al più rinfrescante gelato alla menta.

**Differenza tra l'utilizzo di erbe fresche e secche**

Le erbe fresche sono generalmente preferite alle erbe essiccate per scopi culinari, sebbene ci siano dei vantaggi nell'usare le erbe essiccate. Mentre le erbe fresche hanno una durata di vita molto più breve, le erbe essiccate possono mantenere il loro sapore fino a sei mesi se conservate in un contenitore ermetico in un luogo buio a temperatura ambiente.

Mentre le erbe essiccate vengono in genere utilizzate durante il processo di cottura, poiché il calore prolungato e l'esposizione all'umidità possono estrarre i sapori dalle erbe, le erbe fresche vengono più comunemente aggiunte verso la fine del processo di cottura o come guarnizione alla fine della cottura.

# COLAZIONE ALLE ERBE

## 1. Uova ripiene di nasturzi

Resa: 2 porzioni

**Ingrediente**

- 2 uova sode grandi
- 4 piccole foglie di nasturzio e steli teneri; tritato
- 2 fiori di nasturzio; tagliato a strisce sottili
- 1 rametto Cerfoglio fresco; tritato
- 1 rametto di prezzemolo fresco italiano; foglie tritate finemente
- 1 cipolla verde; parte bianca e verde chiaro
- Olio extravergine d'oliva
- Sale marino fino; assaggiare
- Pepe nero; macinato grosso, a piacere
- Foglie di nasturzio e fiori di nasturzio

**Indicazioni:**

Cuocere le uova sode in acqua bollente fino a quando i tuorli non sono sodi, non più.

Tagliare ogni uovo a metà nel senso della lunghezza e rimuovere con cura il tuorlo.

Mettere i tuorli in una ciotolina e aggiungere le foglie, i gambi e i fiori di nasturzio e il cerfoglio, il prezzemolo e la cipolla verde tritati. Schiacciare con una forchetta, aggiungendo abbastanza olio d'oliva per fare una pasta. Condire a piacere con sale marino e pepe

Salate leggermente gli albumi

Riempire delicatamente le cavità con la miscela di tuorlo ed erbe. Macina un po' di pepe sopra. Disporre le foglie di nasturzio su un piatto e adagiare sopra le uova ripiene.

Guarnire con fiori di nasturzio.

## 2. Frittata alle erbe spontanee

Resa: 1 porzione

**Ingrediente**

- ½ chilogrammo di Barba di frate e un mazzetto di menta selvatica
- 8 uova
- 4 spicchi d'aglio
- 50 ml Olio extravergine di oliva
- 100 grammi di parmigiano; grattugiato
- Sale e pepe nero appena macinato

**Indicazioni:**

Mettere l'olio in una padella piccola con l'aglio e portare a bollore.

Togliere ed eliminare l'aglio, quando sarà ben dorato. Soffriggere le Barba di frate nell'olio per due minuti, unire le uova leggermente sbattute con il parmigiano, sale e menta. Mescolare finché non inizia a solidificarsi. Mettere in forno caldo fino a cottura. Sformare su un piatto da portata e servire subito.

## 3. Uova in salsa di erbe

Resa: 6 porzioni

**Ingrediente**

- 24 asparagi freschi
- ¼ tazza di maionese
- Panna acida commerciale in cartone da 8 once
- 1 Succo di limone
- ½ cucchiaino di sale e ¼ di cucchiaino di pepe bianco
- ¼ cucchiaino di zucchero
- 2 cucchiaini Prezzemolo fresco; tritato
- 1 cucchiaino di erbaccia di aneto fresca; tritato
- 1 cucchiaino di erba cipollina fresca; tritato
- 8 uova; crudo, diviso
- 12 once Pacchetto cotto fette di prosciutto 6 "x 4".

**Indicazioni:**

Cuocere gli asparagi, coperti, in acqua bollente da 6 a 8 minuti; drenare. Coprire e raffreddare.

Unire la maionese, la panna acida, il succo di limone, il sale, il pepe bianco, lo zucchero, il prezzemolo, l'aneto tritato e l'erba cipollina; mescolare bene. Schiacciare 1 uovo sodo; aggiungere alla miscela di maionese e mescolare bene. Coprire e raffreddare.

Disporre 4 punte di asparagi su 2 fette di prosciutto. Arrotolare il prosciutto intorno alle lance di asparagi, fissarlo con uno stecchino di legno. Disporre gli asparagi avvolti nel prosciutto su un piatto da portata. Tagliate a fettine 6 uova, disponete le fette sul prosciutto. Versare circa $\frac{1}{4}$ di tazza di salsa alle erbe su ogni porzione

Setacciare l'uovo rimasto. Cospargere su ogni porzione. Guarnire con aneto fresco.

## 4. Pita di verdure, erbe aromatiche e uova

Resa: 12 porzioni

**Ingrediente**

- 2 libbre Verdure fresche
- Sale
- ½ mazzetto Prezzemolo fresco; tritato
- ½ mazzetto Aneto fresco; tritato
- 1 manciata di cerfoglio fresco; taglio.
- ¼ tazza di burro o margarina
- 1 mazzetto di scalogno; tritato
- ½ cucchiaino di pimento macinato
- ½ cucchiaino di cannella e ½ cucchiaino di noce moscata
- 2 cucchiaini di zucchero semolato
- Sale e pepe macinato fresco
- 5 uova; leggermente battuto
- 1 tazza di feta sbriciolata
- ½ tazza di latte o più
- ½ tazza di burro (facoltativo); fuso
- 12 fogli fillo commerciali

**Indicazioni:**

Unire gli spinaci in una ciotola capiente con il prezzemolo, l'aneto e il cerfoglio e mescolare bene. Scaldare ¼ di tazza di burro in una padella ampia, aggiungere gli scalogni al burro e farli saltare fino a quando le parti bianche non saranno traslucide.

Aggiungere le verdure, le spezie, lo zucchero e sale e pepe a sufficienza per condire.

Ora aggiungiamo le uova, la feta e abbastanza latte per saturare le verdure. Stendere 6 fogli di pasta fillo, spennellando ciascuno con burro fuso. Versare il ripieno, distribuendolo uniformemente. Cuocere per 45 minuti.

## 5. Salsiccia fresca alle erbe

Resa: 2 libbre

**Ingrediente**

- 4 piedi piccoli budelli di maiale
- 2 libbre Filetti di coregone, a cubetti
- 1 uovo sbattuto
- 2 cucchiai di erba cipollina fresca tritata
- 1 cucchiaio di prezzemolo fresco tritato
- 1 cucchiaino di succo di limone
- ½ cucchiaino di sale di sedano
- ½ cucchiaino di pepe nero

**Indicazioni:**

Preparare gli involucri. Mettere il pesce nel robot da cucina e frullare fino a quando il pesce non si rompe. Aggiungere gli ingredienti rimanenti e lavorare solo fino a quando tutto è ben amalgamato. Farcire gli involucri e torcere in lunghezze di 3-4 pollici.

# ANTIPASTI ALLE ERBE

## 6. Carotine sott'aceto alle erbe

Resa: 1 porzione

**Ingrediente**

- 20 piccole carote
- ¾ tazza di zucchero
- 1 cucchiaio di succo di limone
- 1 cucchiaio di burro
- 2 cucchiai di aceto di dragoncello

**Indicazioni:**

Mettere le carote, l'acqua e il succo di limone in una piccola casseruola.

Coprite e fate sobbollire 5 minuti.

Togliere il coperchio, aumentare la fiamma al massimo e cuocere, mescolando, fino a quando il liquido non sarà evaporato (5 minuti). Abbassa il calore.

## 7. Carciofi alle erbe

Resa: 4 porzioni

**Ingrediente**

- 2 Carciofi grandi (o 4 medi)
- 1 carota piccola
- 1 Cipolla piccola
- 1 cucchiaio di olio d'oliva
- 2 cucchiai Prezzemolo; tritato
- ½ cucchiaino di foglie di basilico, essiccate
- ½ cucchiaino di origano
- ½ cucchiaino di erba di aneto
- 1 spicchio d'aglio
- Sale
- 1 tazza di vino, bianco secco
- Pepe qb

**Indicazioni:**

Nel frullatore unire carota, cipolla, prezzemolo, erbe essiccate, aglio e sale e pepe nero a piacere; lavorare fino a tritare finemente. Farcire il composto di erbe aromatiche tra le foglie di carciofo

Mettere la griglia, il vino e ½ tazza d'acqua in una pentola a pressione da 4 o 6 qt. Disporre i carciofi sulla griglia; chiudere saldamente il coperchio. Posizionare il regolatore di pressione sul tubo di sfiato.

Cuocere 20 minuti a 15 libbre di pressione.

8. Tartine con glassa alle erbette di limone

Resa: 1 porzione

**Ingrediente**

- Pane di zucca con crema di formaggio e salmone affumicato a fette

- Segale salata al burro con uovo a fette e caviale

- Segale salata con rafano; salsa chili; piccoli gamberetti

- 1⅔ tazza d'acqua

- ⅛ cucchiaino di Pepe in Grani

- ½ foglia di alloro

- ½ cucchiaino di aneto essiccato

- 1 confezione (3 once) di gelatina al gusto di limone

- 1 pizzico di pepe di Caienna

- 3 cucchiai di aceto

**Indicazioni:**

Mettere su una griglia e guarnire ogni tartina con 2 o 3 cucchiai di glassa alle erbe e limone.

Glassa alle erbe e limone: portare l'acqua a ebollizione; aggiungere i grani di pepe, la foglia di alloro e l'aneto essiccato. Coprire e cuocere a fuoco lento per circa 10 minuti. Sforzo. Sciogliere la gelatina, il sale e il pepe di Caienna nel liquido caldo. Aggiungi l'aceto. Raffreddare fino a quando non si sarà leggermente addensato. Versare il composto sulle tartine

## 9. Pizza al formaggio fresco alle erbe

Resa: 8 porzioni

**Ingrediente**

- 1 cucchiaio di farina di mais
- 1 lattina (10 once) Crosta per pizza pronta
- 1 cucchiaio di olio d'oliva o olio
- 1 spicchio d'aglio; tritato
- 6 once di mozzarella grattugiata
- ½ tazza di parmigiano grattugiato
- 1 cucchiaio di basilico fresco tritato
- 1 cucchiaio di origano fresco tritato

**Indicazioni:**

Ungere una teglia per pizza da 12 pollici o una padella da 13x9 pollici; cospargere di farina di mais. Srotolare la pasta; premere in una teglia unta.

In una ciotolina unire l'olio e l'aglio; spruzzare sopra l'impasto. Guarnire uniformemente con mozzarella, parmigiano, basilico e origano.

Infornate a 425° per 13-16 minuti o fino a quando la crosta sarà ben dorata

## 10. Biscotti alle erbette fresche ed erba cipollina

## Ingrediente

- 8 once di tofu di seta solido
- ⅓ tazza di succo di mela
- 1 cucchiaio di succo di limone
- 1 tazza di farina integrale
- 1 tazza di farina per tutti gli usi
- 2 cucchiaini di lievito in polvere
- ½ cucchiaino di bicarbonato di sodio
- ¼ cucchiaino di sale, facoltativo
- 2 cucchiai di basilico, tritato -=OPPURE=-
- 1 cucchiaio di basilico, essiccato
- 2 cucchiai di erba cipollina, tritata -=OPPURE=-
- 1 cucchiaio di erba cipollina, essiccata

## Indicazioni:

Preriscaldare il forno a 450F e fogli di biscotti d'olio.

Frullare il tofu fino a che liscio. Unire il succo di mela e il succo di limone. Trasferire in una ciotola di medie dimensioni e mettere da parte. Setacciare insieme i successivi 5 ingredienti e incorporarli al composto di tofu. Unire il basilico e l'erba cipollina. Rovesciare l'impasto su una spianatoia leggermente infarinata e formare una palla. Stendete la pasta a uno spessore di $\frac{1}{2}$ pollice e tagliatela con un tagliabiscotti. Infornate per 12 minuti e servite subito.

## 11. Involtini primavera vietnamiti

Resa: 1 porzione

**Ingrediente**

- 1 dentice rosso
- 2 cucchiai di salsa di pesce
- 2 cucchiai di miele
- ½ cucchiaino di olio di sesamo asiatico
- 40 involucri di carta di riso
- Menta e coriandolo fresco
- Cetriolo inglese a fette sottili
- ½ libbra di germogli di soia freschi
- foglie di lattuga
- ¼ tazza di aceto di riso
- ¼ di tazza di succo di lime
- ¼ tazza di zucchero
- ¼ cucchiaino di salsa piccante al peperoncino asiatico

**Indicazioni:**

Unire la salsa di pesce con miele e olio di sesamo. Strofina il pesce. Arrostire a 425F/210C per 40-45 minuti.

In una piccola ciotola da portata, unire gli ingredienti per la salsa.

Spezzare un pezzo di pesce e metterlo al centro di ogni involucro appena sotto il centro. Aggiungere la menta e il coriandolo, 1 fetta di cetriolo e alcuni germogli di soia sopra il pesce. Spruzzare la salsa.

## 12. Formaggio haloumi fritto

Resa: 1 porzione

**Ingrediente**

- 4 Pomodorini maturi
- 1 cipolla rossa
- 1 cetriolo
- 20 olive nere; snocciolato
- 1 mazzetto Prezzemolo piatto
- 100 grammi di formaggio Haloumi
- Basilico; tritato
- Coriandolo; tritato
- Cerfoglio
- Erba cipollina
- 200 ml Olio d'oliva
- 2 limoni; succo di
- 1 cucchiaio di aceto di vino bianco
- Sale e pepe

**Indicazioni:**

Mescolare il tutto in una ciotola con le cipolle e un po' di prezzemolo piatto. Condire con un filo di olio d'oliva e sale e pepe.

In una padella antiaderente ben calda, soffriggete il formaggio Haloumi senza olio.

Disporre sopra l'insalata e spruzzare un filo d'olio alle erbe intorno al piatto. Ora aggiungi un po' di succo di limone.

## 13. Frittelle alle erbe

Resa: 1 porzione

**Ingrediente**

- 1 libbra di foglie di insalata di erbe miste
- ¼ tazza di parmigiano grattugiato fresco
- 3 uova ruspanti; leggermente battuto
- 1 tazza di pangrattato fresco
- 2 cucchiai di burro non salato
- Olio di semi di girasole
- Sale e pepe macinato fresco

**Indicazioni:**

Metti le foglie di erbe aromatiche in una ciotola media. Unire la cipolla, il basilico, il parmigiano, il pangrattato, le uova e il condimento.

Sciogliere il burro in una padella capiente. Aggiungere abbastanza olio in modo che ci sia $\frac{1}{4}$ di pollice di olio nella padella. Usando 1 cucchiaio abbondante di composto per ogni frittella, friggete le frittelle poche alla volta fino a quando non saranno ben dorate, circa 3 minuti per lato.

Scolare su carta da cucina; tenere in caldo a forno basso fino a quando le restanti frittelle non saranno cotte.

## 14. Gamberi alle erbe in birra

Resa: 6 porzioni

**Ingrediente**

- 2 libbre Gamberetti crudi sgusciati
- $1\frac{1}{2}$ tazza di ottima birra occidentale
- 2 Spicchi d'aglio, tritato
- 2 cucchiai di erba cipollina, tagliata
- 2 cucchiai Prezzemolo, tagliato
- $1\frac{1}{2}$ cucchiaino di sale
- $\frac{1}{2}$ cucchiaino di pepe
- Lattuga grattugiata
- 2 cipolle verdi, tritate finemente

**Indicazioni:**

Unire tutti gli ingredienti tranne la lattuga e le cipolle verdi in una ciotola.

Coprire, conservare in frigorifero 8 ore o tutta la notte; mescolate di tanto in tanto. Scolare, riservare la marinata

Grigliare i gamberi a 4 pollici dal fuoco fino a quando non saranno cotti e teneri.

Non cuocere troppo o i gamberetti diventeranno duri. Spennellare di tanto in tanto con la marinata.

Servire i gamberi su lattuga grattugiata; cospargere di cipolla verde tritata.

## 15. Fichi secchi alle erbe

Resa: 4 porzioni

**Ingrediente**

- $\frac{1}{2}$ libbra Fichi secchi
- $\frac{1}{2}$ libbra di mirtilli rossi secchi
- 2 tazze di vino rosso
- $\frac{1}{4}$ tazza di lavanda o miele aromatizzato
- Spezie legate in garza:

**Indicazioni:**

Aggiungere i fichi in una casseruola con vino rosso e miele e una garza con una selezione di erbe aromatiche. Portare a bollore e cuocere, coperto, per 45 minuti o fino a quando non saranno ben teneri.

Togliere i fichi dalla casseruola; far bollire il liquido fino a quando rimane circa la metà.

Scartare le spezie nella garza. Servire così com'è o, versare sopra il sorbetto alla vaniglia o il latte ghiacciato.

## 16. Focaccia facile alle erbe

Resa: 24 porzioni

**Ingrediente**

- Mix di rotoli caldi confezionati da 16 once
- 1 uovo
- 2 cucchiai di olio d'oliva
- ⅔ tazza di cipolla rossa; Tritato
- 1 cucchiaino di rosmarino essiccato; Schiacciato
- 2 cucchiaini di olio d'oliva

**Indicazioni:**

Ungete leggermente due teglie rotonde.

Preparare l'impasto per panini caldi secondo le indicazioni sulla confezione per l'impasto base, utilizzando 1 uovo e sostituendo con 2 cucchiai di olio la margarina richiesta sulla confezione. Impastare la pasta; lasciare riposare come indicato. Se si utilizzano teglie rotonde, dividere l'impasto a metà; arrotolare in due giri da 9 pollici. Mettere nella padella preparata.

Cuocere la cipolla e il rosmarino in una padella con 2 cucchiaini di olio caldo finché non saranno teneri. Con la punta delle dita, premi le rientranze ogni centimetro circa nell'impasto

Cuocere in forno a 375 gradi per 15-20 minuti o fino a doratura. Raffreddare 10 minuti su una griglia. Togliere dalla padella e raffreddare completamente.

# POLLO ALLE ERBE E TURCHIA

## 17. Pollo alle erbe sbriciolato

Resa: 2 porzioni

**Ingrediente**

- 2 tazze di briciole di pane
- 1 cucchiaino di sale
- 1 cucchiaino di pepe macinato fresco
- 2 cucchiai Prezzemolo secco
- 1 cucchiaino di maggiorana essiccata
- 1 cucchiaino di timo essiccato
- 1 cucchiaino di origano essiccato
- 1 cucchiaino di aglio in polvere
- 1 arancia; affettato
- 4 Metà del petto di pollo disossate e spellate
- 2 uova; sbattuto OPPURE Sostituto dell'uovo
- 2 cucchiai di burro o margarina
- 2 cucchiai di olio vegetale
- 1 tazza di brodo di pollo o vino bianco
- 1 rametto di prezzemolo fresco

**Indicazioni:**

Mettere il pangrattato, il sale, il pepe, il prezzemolo, la maggiorana, il timo, l'origano e l'aglio in polvere in un robot da cucina e macinare bene. Passate i petti di pollo nell'uovo sbattuto e poi ricopriteli con il pangrattato.

A fuoco medio-alto, rosolate i petti di pollo su entrambi i lati nel burro e nell'olio. Abbassare la fiamma, aggiungere brodo o vino e coprire. Cuocere per 20-30 minuti, a seconda dello spessore dei petti.

Guarnire con fettine di arancia e prezzemolo.

## 18. Crema di pollo alle erbe

Resa: 1 porzione

**Ingrediente**

- 1 lattina di crema di zuppa di pollo
- 1 lattina di brodo di pollo
- 1 lattina di latte
- 1 lattina d'acqua
- 2 tazze di preparato per biscotti Bisquick
- $\frac{3}{4}$ tazza di latte

**Indicazioni:**

Svuotare le lattine di zuppa in una padella capiente

Mescolare in lattine di acqua e latte. Mescolare fino a che liscio. Scaldare a fuoco medio fino a ebollizione

Mescolare insieme Bisquick e latte. L'impasto deve essere denso e appiccicoso. Versare l'impasto a cucchiaini nella zuppa bollente.

Cuocere gli gnocchi per ca. Da 8 a 10 minuti. scoperto

## 19. Tacchino glassato all'albicocca di Digione

Resa: 6 porzioni

**Ingrediente**

- 6 cubetti di brodo di pollo
- 1½ tazza di riso bianco a grana lunga crudo
- ½ tazza di mandorle a lamelle
- ½ tazza di albicocche secche tritate
- 4 cipolle verdi con cime; affettato
- ¼ tazza di prezzemolo fresco tritato
- 1 cucchiaio di scorza d'arancia
- 1 cucchiaino di rosmarino essiccato; schiacciato
- 1 cucchiaino di foglie di timo essiccate
- 1 petto di tacchino disossato a metà - circa 2 1/2 libbre
- 1 tazza di marmellata di albicocche o marmellata di arance
- 2 cucchiai di senape di Digione

**Indicazioni:**

Per il pilaf alle erbe, portare ad ebollizione l'acqua. Aggiungere il brodo. Togliere dal fuoco in una ciotola. Aggiungere tutti gli ingredienti pilaf rimanenti tranne il tacchino; mescolare bene. Metti la Turchia sopra la miscela di riso.

Coprire e cuocere 45 minuti

Togliere il tacchino dal forno; rimuovere con attenzione Baker con guanti da forno.

Mescolare il pilaf poco prima di servire, servire con tacchino e salsa.

## 20. Pollo e riso su salsa alle erbe

Resa: 4 porzioni

**Ingrediente**

- ¾ tazza di acqua calda
- ¼ bicchiere di vino bianco
- 1 cucchiaino Granuli di brodo al gusto di pollo
- 4 (4 once) metà del petto di pollo spellate e disossate
- ½ cucchiaino di amido di mais
- 1 cucchiaio di acqua
- 1 confezione di formaggio in stile Neufchatel con erbe e spezie
- 2 tazze di riso a grani lunghi cotto a caldo

**Indicazioni:**

Portare a ebollizione l'acqua calda, il vino e i granuli di brodo in una padella ampia a fuoco medio-alto. Abbassare la fiamma e aggiungere il pollo, far sobbollire 15 minuti; girando dopo 8 minuti. Togliere il pollo quando è cotto, tenerlo in caldo. Portare a bollore il liquido di cottura, ridurre a ⅔ tazza.

Unire l'amido di mais e l'acqua e aggiungere al liquido. Portare a bollore e cuocere per 1 minuto, mescolando continuamente. Aggiungere la crema di formaggio e cuocere fino a quando non sarà ben amalgamata, mescolando continuamente con una frusta a filo. Per servire:

Guarnire il riso con il pollo, versare la salsa sul pollo

## 21. Pollo in crema ed erbe aromatiche

Resa: 6 porzioni

**Ingrediente**

- 6 Cosce di pollo, spellate e disossate
- Farina per tutti gli usi condita con sale e pepe
- 3 cucchiai di burro
- 3 cucchiai di olio d'oliva
- ½ bicchiere di vino bianco secco
- 1 cucchiaio di succo di limone
- ½ tazza di panna da montare
- ½ cucchiaino di timo essiccato
- 2 cucchiai Prezzemolo fresco tritato
- 1 limone, affettato (guarnire)
- 1 cucchiaio di capperi, sciacquati e scolati (guarnire)

**Indicazioni:**

In una padella capiente, scaldare 1 cucchiaio e mezzo di burro e olio. Aggiungere i pezzi di pollo come si adatteranno senza affollare. cucinare

Aggiungere il vino e il succo di limone in una padella e far sobbollire a fuoco moderato, mescolando per incorporare le particelle dorate. Far bollire, riducendo a circa la metà

Aggiungere la panna da montare, il timo e il prezzemolo; far bollire fino a quando la salsa non si addensa leggermente. Versare i succhi di carne dal piatto riscaldante nella salsa.

Regolare la salsa per condire a piacere. Versare sulla carne e guarnire con prezzemolo, fettine di limone e capperi

## 22. Madera di pollo sui biscotti

Resa: 6 porzioni

**Ingrediente**

- 1 ½ libbra di petto di pollo
- 1 cucchiaio di olio da cucina
- 2 spicchi d'aglio, tritati
- 4½ tazza di funghi freschi tagliati in quattro
- ½ tazza di cipolla tritata
- 1 tazza di panna acida
- 2 cucchiai Farina per tutti gli usi
- 1 tazza di latte scremato
- ½ tazza di brodo di pollo
- 2 cucchiai di Madeira o sherry secco

**Indicazioni:**

Cuocere il pollo in olio bollente a fuoco medio-alto per 4 - 5 minuti o fino a quando non sarà più rosa. Aggiungere l'aglio, i funghi e la cipolla nella padella. Cuocere, senza coperchio, per 4 - 5 minuti o fino a quando il liquido non sarà evaporato.

In una ciotola mescolate la panna acida, la farina, ½ cucchiaino di sale e ¼ di cucchiaino di pepe. Aggiungere la miscela di panna acida, il latte e il brodo nella padella. Aggiungi pollo e Madeira o sherry; riscaldare.

Servire sopra i biscotti alle erbe.

Cospargere con cipolle verdi affettate sottilmente se lo si desidera

## 23. Zuppa di pollo alle erbe

Resa: 7 porzioni

**Ingrediente**

- 1 tazza di fagioli cannellini secchi
- 1 cucchiaino di olio d'oliva
- 2 Porri, mondati -- lavati
- 2 Carote: sbucciate e tagliate a dadini
- 10 millilitri di aglio -- tritato finemente
- 6 pomodorini -- senza semi e
- 6 patate novelle
- 8 tazze di brodo di pollo fatto in casa
- ¾ tazza di vino bianco secco
- 1 rametto di timo fresco
- 1 rametto di rosmarino fresco
- 1 foglia di alloro

**Indicazioni:**

Sciacquare i fagioli e raccogliere, coprire con acqua e mettere da parte in ammollo per 8 ore o tutta la notte. In una pentola capiente, scaldare l'olio a fuoco medio-basso. Aggiungere i porri, le carote e l'aglio; Cuocere finché non si ammorbidisce, circa 5 minuti. Unire i pomodori e cuocere per 5 minuti. Aggiungere le patate e cuocere per 5 minuti.

Aggiungere il brodo di pollo, il vino e le erbe aromatiche; portare ad ebollizione. Scolate i fagioli e aggiungeteli nella pentola; cuocere 2 ore, o fino a quando i fagioli sono morbidi.

Eliminate la foglia di alloro e i rametti di erbe aromatiche prima di servire.

## 24. Pollo al vino ed erbe aromatiche

Resa: 4 porzioni

**Ingrediente**

- Frittura di pollo
- ½ cucchiaino di origano
- ½ cucchiaino di basilico
- 1 tazza di vino bianco secco
- ½ cucchiaino di sale all'aglio
- ½ cucchiaino di sale
- ¼ cucchiaino di pepe

**Indicazioni:**

Lavate il pollo e affettatelo. In una piccola quantità di olio, far rosolare i pezzi di pollo su tutti i lati. Versare l'olio in eccesso. Aggiungere il vino e il condimento e cuocere a fuoco lento per 30-40 minuti o fino a quando il pollo è tenero.

# PASTA ALLE ERBE

## 25. Ravioli alle erbe

**Ingrediente**

- 2 sfoglie di pasta fresca 8,5x11".
- 1¼ tazza di ricotta; senza grassi
- ¾ tazza di pangrattato italiano
- ¼ tazza di basilico fresco e ¼ tazza di prezzemolo fresco; tritato
- ⅛ cucchiaino di origano e ⅛ noce moscata
- Sale e Pepe Nero
- Base di pomodoro in camicia
- 2 pomodori grandi; maturo
- 2 spicchi d'aglio; affettato finemente
- 6 Foglie di basilico fresco

**Indicazioni:**

In una ciotola capiente, unire la ricotta, il pangrattato, il basilico, il prezzemolo, l'origano, la noce moscata, il sale e il pepe nero.

Stendere le sfoglie di pasta sul piano di lavoro e versare quattro porzioni uguali (circa ¼ di tazza) di composto di ricotta sui 4 quadranti della metà sinistra di ogni sfoglia. Piegare metà destra della sfoglia sull'altra metà. Premere intorno a ciascun cumulo di formaggio per sigillare.

Portare a bollore l'acqua in una pentola capiente. Immergere i ravioli in acqua e far bollire 3-5 minuti. Lavare, togliere il torsolo, sbucciare e tritare grossolanamente i pomodori. Accantonare. Soffriggere brevemente l'aglio, aggiungere i pomodori, il basilico, l'acqua e il sale

Coprire e cuocere 5 minuti. Distribuire il composto di pomodoro su 4 piatti da portata e guarnire ogni piatto con due ravioli.

## 26. Linguine alle erbe miste

Resa: 1 porzione

**Ingrediente**

- 4 carote medie
- 3 Zucchine medie
- 1 libbra Linguine essiccate
- 1 tazza di foglie di prezzemolo fresche a foglia piatta confezionate
- ½ tazza di foglie di basilico fresco confezionate
- 1 cucchiaio di foglie di timo fresco
- 1 cucchiaio di foglie di rosmarino fresco
- 1 cucchiaio di foglie di dragoncello fresche
- ½ tazza di parmigiano grattugiato fresco
- ⅓ tazza di olio d'oliva
- ¼ tazza di noci; dorato tostato
- 1 cucchiaio di aceto balsamico

**Indicazioni:**

In un bollitore da 6 litri portare ad ebollizione 5 litri di acqua salata. Aggiungere le linguine e cuocere per 8 minuti, o fino a quando saranno appena morbide. Aggiungere le carote e cuocere 1 minuto. Aggiungere le zucchine e cuocere 1 minuto. Riserva ⅔ mettere in tazza l'acqua di cottura e scolare la pasta e le verdure.

In una ciotola capiente mescolate il pesto e l'acqua di cottura calda riservata. Unite la pasta e le verdure e mescolate bene.

In un robot da cucina frullare insieme tutti gli ingredienti con sale e pepe a piacere fino ad ottenere un composto liscio.

## 27. Farfalle con salsa alle erbe

Resa: 1 porzione

**Ingrediente**

- 2 spicchi d'aglio -- tritati
- 1 libbra di farfalle -- cotte
- 2 rametti di menta fresca
- $\frac{3}{4}$ di olio extravergine di oliva
- $\frac{1}{2}$ cucchiaio di brodo vegetale
- $1\frac{1}{2}$ cucchiaino di sale
- $\frac{1}{2}$ cucchiaino di peperone fresco
- 1 cucchiaio di succo di limone
- $\frac{1}{2}$ cucchiaio di noci, tostate, tritate
- $\frac{1}{2}$ cucchiaio di parmigiano

**Indicazioni:**

In un frullatore, o robot da cucina, aggiungere le erbe aromatiche e l'aglio e, mentre la macchina è in funzione, irrorare con $\frac{1}{2}$ olio d'oliva, il brodo vegetale e poi il resto dell'olio. Aggiungere sale, pepe e limone, frullare e insaporire e regolare di condimento.

Condite con la pasta cotta ancora calda, unite le noci e il formaggio. Guarnire con rametti di erbe aromatiche fresche.

## 28. Tagliatelle all'uovo con aglio

Resa: 4 porzioni

**Ingrediente**

- ½ libbra di pasta all'uovo
- 4 spicchi d'aglio grandi
- 1½ tazza di erbe miste
- 2 cucchiai di olio extravergine di oliva
- Sale e pepe

**Indicazioni:**

Cuocere la pasta in una pentola capiente di acqua bollente e salata finché non sarà tenera ma ancora soda, 7-9 minuti. Scolare bene.

Nel frattempo tritare l'aglio, tritare le erbe aromatiche; avrai circa 1 tazza.

Unire l'olio d'oliva e l'aglio in una padella ampia. Cuocere a fuoco medio, mescolando di tanto in tanto, fino a quando l'aglio è fragrante ma non rosolato, 2-3 minuti. Togliere dal fuoco e unire le erbe aromatiche tritate.

Aggiungere le tagliatelle cotte nella padella e far saltare. Aggiustate di sale e pepe a piacere e mescolate bene

## 29. Cappellini con spinaci alle erbe

Resa: 6 porzioni

**Ingrediente**

- 8 once di pasta per capelli d'angelo (cappelini)
- 10 once di spinaci surgelati
- 1 libbra Spinaci freschi
- 1 cucchiaio di oliva vergine
- 1 cipolla; tritato
- 2 cucchiai Prezzemolo fresco
- $\frac{1}{2}$ cucchiaino di basilico in foglie essiccate
- $\frac{1}{2}$ cucchiaino di Origano a foglie essiccate
- $\frac{1}{2}$ cucchiaino di noce moscata macinata
- Sale e pepe a piacere
- 2 cucchiai di parmigiano grattugiato;

**Indicazioni:**

Portare ad ebollizione una grande pentola d'acqua e cuocere la pasta al dente, 3 minuti. Scolare in uno scolapasta; accantonare. Nel frattempo mettere gli spinaci surgelati in una griglia per la cottura a vapore sopra l'acqua bollente fino a quando non saranno leggermente appassiti.

In una padella antiaderente fate scaldare l'olio e fate rosolare la cipolla finché non si sarà ammorbidita. Mettere gli spinaci, la cipolla, il prezzemolo, il basilico, l'origano, la noce moscata, il sale e il pepe in un frullatore di un robot da cucina munito di lama di metallo e frullare. Mettere la pasta in una ciotola da portata, condirla con la salsa e cospargere di parmigiano

## 30. Gnocchi ai funghi

Resa: 3 porzioni

**Ingrediente**

- 2 patate da forno grandi
- 2 uova
- 1 tazza di farina; o meno
- 1 sale; assaggiare
- 1 cucchiaio di burro
- 1 tazza di funghi shiitake affettati
- 1 tazza di concasse di pomodoro
- basilico/prezzemolo/erba cipollina tritati
- 1 parmigiano; per guarnire

**Indicazioni:**

Con una forchetta bucherellare le patate dappertutto; cuocere fino a quando sono teneri, da 45 minuti a 1 ora. Sformare e aggiungere le uova, quindi aggiungere abbastanza farina. Aggiustare di sale e pepe

Trasferite l'impasto in una tasca da pasticcere e ricavate dei lunghi cilindri. Raffreddare fino a quando non si rassoda. Tagliare ogni cilindro in pezzi da 1 pollice. Infarinare leggermente il piano di lavoro e arrotolare i pezzi, uno alla volta, sui rebbi di una forchetta, o sopra un tassello per gnocchi. Bollire.

Condire con la miscela di funghi e le erbe aromatiche;

# FRUTTI DI MARE ALLE ERBE

## 31. Crema di gamberi alle erbe

Resa: 4 porzioni

**Ingrediente**

- ½ Stendere il burro non salato
- 4 scalogni medi; tritato
- 1 quarto di crema pesante
- 2 bicchieri di vino bianco secco
- 1 libbra di gamberetti; alloro, piccolo, pelato
- 1 cucchiaio di succo di limone
- 1 cucchiaio di aneto
- 1 cucchiaio di dragoncello; tritato
- 2 cucchiaini di prezzemolo
- 2 cucchiaini di erba cipollina; tritato
- ¾ cucchiaino di sale

**Indicazioni:**

In una grande casseruola o padella, sciogliere il burro a fuoco moderato. Aggiungere lo scalogno e soffriggere ,finché saranno teneri, 2-3 minuti.

Aggiungere la panna e il vino bianco, alzare la fiamma e far bollire velocemente finché la salsa non sarà densa e ridotta di circa la metà, 15-20 minuti mescolando continuamente per evitare che si bruci sul fondo.

Unire i gamberi e gli altri ingredienti. Cuocere a fuoco lento fino a quando non sarà ben caldo, da 1 a 2 minuti.

## 32. Riso alle erbe della Malesia

**Ingrediente**

- 400 grammi Salmone fresco
- 2 cucchiai di salsa di soia e 2 cucchiai di Mirin
- 6 tazze di riso al gelsomino cotto
- Foglie di lime Kaffir
- ½ tazza Tostato; Cocco grattugiato
- Curcuma/galanga; pelato
- 3 cucchiai di salsa di pesce

**Vestirsi**

- 2 peperoncini rossi piccoli; senza semi e tritati
- ½ tazza di basilico tailandese
- ½ tazza di menta vietnamita
- 1 avocado maturo; pelato
- 1 peperoncino rosso; tritato
- 2 spicchi d'aglio; tritato
- ⅓ tazza Succo di lime

**Indicazioni:**

Mescolare la soia e il mirin e versare sul pesce e marinare per 30 minuti. Scaldare una padella o una griglia e cuocere il pesce fino a doratura.

Tagliare a julienne le foglie di curcuma, galanga, peperoncino e lime kaffir e mescolare con il riso cotto. Aggiungere il cocco tostato, il basilico e la menta e mescolare con la salsa di pesce. Accantonare.

Frullare tutti gli ingredienti del condimento, quindi unire il condimento al riso fino a quando il riso non assume un colore verde chiaro. Sfaldate il pesce cotto e aggiungetelo al riso.

## 33. Capelli d'angelo con salmone affumicato

Resa: 4 porzioni

**Ingrediente**

- 8 once di pasta per capelli d'angelo; crudo
- 6 once Salmone affumicato; affettato finemente
- 3 cucchiai di olio d'oliva
- 1 aglio grande; tritato
- $2\frac{1}{4}$ tazza tritata; pomodori senza semi
- $\frac{1}{2}$ bicchiere di vino bianco secco
- 3 cucchiai Capperi grandi scolati
- $1\frac{1}{2}$ cucchiaino di erba di aneto delle Spice Islands
- $1\frac{1}{2}$ cucchiaino di basilico dolce delle Isole delle Spezie
- $\frac{1}{2}$ tazza di parmigiano; grattugiato fresco
- 2 tazze di pomodori, vino

**Indicazioni:**

Preparare la pasta secondo le indicazioni sulla confezione.

Nel frattempo, tagliate il salmone, lungo la grana, a strisce larghe $\frac{1}{2}$ pollice; accantonare.

In una padella capiente, scaldare l'olio a fuoco medio-alto fino a quando non sarà caldo; cuocere e mescolare l'aglio fino a doratura.

Mescolare capperi, aneto e basilico; cuocere fino a quando il composto è caldo, mescolando di tanto in tanto.

In una ciotola capiente, unire la pasta e il composto di pomodoro; mescolare per unire.

Aggiungere il salmone e il formaggio; lancia leggermente. Guarnire con i restanti pomodori e prezzemolo, se lo si desidera.

## 34. Baccalà alle erbe

Resa: 4 porzioni

**Ingrediente**

- 3 tazze di acqua
- ½ tazza di sedano a fette
- 1 confezione Brodo di pollo istantaneo
- ½ limone
- 2 cucchiai Fiocchi di cipolla disidratata
- 1 cucchiaino Prezzemolo fresco, tritato
- ½ ogni foglia di alloro
- ⅛ cucchiaino di chiodi di garofano macinati
- ⅛ cucchiaino di Timo
- 4 bistecche di merluzzo disossate e spellate ciascuna
- 2 medie Pomodori, tagliati a metà
- 2 medi Peperoni verdi, privati dei semi e tagliati a metà

**Indicazioni:**

In una padella da 12 pollici, unire acqua, sedano, miscela di brodo, limone, scaglie di cipolla, prezzemolo, alloro, chiodi di garofano e timo. Portare a ebollizione, quindi ridurre la fiamma a bollore. Aggiungere il pesce e cuocere in camicia per 5-7 minuti. Aggiungere le metà del pomodoro e del peperone verde e terminare la cottura fino a quando il pesce non si sfalda facilmente. Togliere pesce e verdure, tenere in caldo.

Cuocere il liquido fino a ridurlo della metà. Eliminate il limone e la foglia di alloro. Mettere il liquido e metà del pomodoro e dei peperoni cotti in un contenitore del frullatore. Frullare fino a che liscio

Versare sul pesce e sul restante pomodoro e peperoni.

## 35. Salmone in camicia freddo

Resa: 1 porzione

**Ingrediente**

- 6 senza pelle; (6 once) filetti di salmone
- Sale e pepe bianco
- 3 tazze di brodo di pesce o succo di vongole
- 1 mazzetto di origano
- 1 mazzetto Basilico
- 1 mazzetto di prezzemolo
- 1 mazzetto di timo
- 6 pomodori; sbucciato, privato dei semi e tagliato a dadini
- ½ tazza di olio extravergine di oliva
- 1½ cucchiaino di sale
- ½ cucchiaino di pepe nero macinato fresco

**Indicazioni:**

Condire il salmone con sale e pepe

Portare ad ebollizione il brodo o il succo in una grande padella antiaderente. Aggiungere il pesce, in modo che si tocchino appena, e riportare il liquido a bollore. Trasferire in forno e cuocere per 5 minuti rigirando il pesce

Per preparare il condimento, eliminate i gambi e tritate finemente tutte le erbe aromatiche. Mescolare tutti gli ingredienti in una ciotolina e conservare in frigorifero.

## 36. Filetti di erbe aromatiche all'aneto

Resa: 4 porzioni

**Ingrediente**

- 2 libbre di filetto di dentice
- ¾ cucchiaino di sale
- ½ cucchiaino di pepe macinato
- ½ tazza di olio d'oliva
- 1½ cucchiaio di prezzemolo tritato
- 1 cucchiaio di scalogno tritato, spezie
- 1 x cacciatore liofilizzato o fresco
- 1 pizzico di origano
- ¼ tazza di succo di limone spremuto fresco

**Indicazioni:**

Disporre il pesce in un unico strato, una teglia oliata e poco profonda. Cospargere con olio, prezzemolo, scalogno, erba di aneto e origano. Cuocere in forno preriscaldato a 350 gradi F fino a quando la carne si separa appena quando provata con una forchetta - da 15 a 20 minuti. Durante la cottura, bagnare due volte con il sugo della padella. Rimuovere il pesce in un piatto da portata.

Frullare il succo di limone nella sgocciolatura della padella, quindi versare sul pesce.

## 37. Pesce ed erbette al forno croccanti

Resa: 4 porzioni

**Ingrediente**

- 4 ciascuno Filetti di pesce bianco
- 1 cucchiaio di acqua
- $\frac{1}{8}$ cucchiaino di pepe al limone
- 1 cucchiaino Margarina a basso contenuto di grassi, sciolta
- 1 albume ciascuno
- $\frac{1}{2}$ tazza di briciole di cornflakes
- 2 cucchiaini di prezzemolo fresco tritato

**Indicazioni:**

Preriscaldare il forno a 400F. Spruzzare leggermente una teglia bassa di medie dimensioni con spray vegetale. Sciacquare il pesce e asciugarlo.

In una piccola ciotola, sbattere l'albume con un po' d'acqua. Immergere il pesce nell'albume, quindi rotolare nelle briciole. Disporre il pesce in una teglia. Cospargete di pepe di limone e prezzemolo, quindi spruzzate sopra la margarina.

Cuocere senza coperchio per 20 minuti o finché il pesce non si sfalda facilmente

## 38. Fettuccine con gamberi

Resa: 2 porzioni

**Ingrediente**

- 1 confezione di zuppa cremosa alle erbe Lipton
- 8 once di gamberetti
- 6 once Fettuccini, cotti
- $1\frac{3}{4}$ tazza di latte
- $\frac{1}{2}$ tazza di piselli
- $\frac{1}{4}$ tazza di parmigiano, grattugiato

**Indicazioni:**

Mescolare il composto di zuppa con il latte e portare a bollore. Aggiungere i gamberi e i piselli e cuocere a fuoco lento per 3 minuti finché i gamberi non saranno teneri. Condite con le tagliatelle calde e il formaggio. Per 2 porzioni.

## 39. Cozze all'aglio

Resa: 1 porzione

**Ingrediente**

- 1 chilogrammo Cozze vive fresche
- 2 scalogni o 1 cipolla piccola
- 200 ml Vino bianco secco
- 1 foglia di alloro
- 1 rametto di prezzemolo
- 125 grammi di burro
- 1 cucchiaio di prezzemolo tritato; fino a 2
- 2 spicchi d'aglio; schiacciato
- Pepe nero appena macinato
- 2 cucchiai Pangrattato bianco fresco per finire
- 250 grammi Sale marino per la presentazione

**Indicazioni:**

Tritare la cipolla e metterla in una padella di buone dimensioni con il vino, l'alloro, il timo e il prezzemolo, quindi portarli a bollore. Aggiungere le cozze, controllando che siano chiuse e scartare quelle aperte. Coprite la padella e fate sobbollire per 5 o 6 minuti o fino a quando le cozze non saranno aperte.

Sbattere il burro e unirvi accuratamente il prezzemolo e l'aglio con un po' di pepe nero. Mettere 1/2 cucchiaino su ogni cozza, aggiungere una leggera spolverata di pangrattato e mettere sotto una griglia ben calda per 2-3 minuti.

Servire le cozze calde su letto di sale marino.

## 40. Pesce ai Caraibi con vino

Resa: 1 porzione

**Ingrediente**

- 1 tazza di riso o couscous -- cotto
- 4 fogli di carta pergamena, pellicola
- 2 zucchine piccole
- 1 Cile poblano
- Pasillo -- a strisce sottili
- 1 libbra di pesce bianco sodo disossato
- 4 pomodori medi
- 10 olive nere
- 1 cucchiaino Ogni basilico fresco tritato
- Timo -- dragoncello
- Prezzemolo e cipolla verde
- 1 uovo

**Indicazioni:**

Disporre su una teglia e cuocere per 12 minuti o fino a quando il pesce non sarà cotto! Mettere al centro ½ tazza di riso cotto.

Guarnire ogni porzione con ½ tazza di strisce di zucchine, un pezzo di pesce, ¼ tazza di pomodoro a cubetti e 3 strisce sottili di Cile.

Cospargere un quarto delle olive tritate su ogni porzione e guarnire con ¼ di ciascuna delle erbe fresche.

Unire tutta la salsa Ingredienti e purea. Versare in una piccola casseruola e portare a bollore a fuoco medio. Sforzo

## 41. Rana pescatrice con erbe aromatiche

Resa: 4 porzioni

**Ingrediente**

- 700 grammi Code di rana pescatrice sfilettate
- 85 grammi di burro
- 2 spicchi d'aglio -- schiacciati
- Uovo sbattuto)
- Succo di un limone
- 1 cucchiaino di erbe aromatiche tritate finemente
- Farina condita

**Indicazioni:**

Ammorbidire il burro e aggiungere le erbe aromatiche e l'aglio. Freddo. -- Fare una fessura in ogni filetto di rana pescatrice e impacchettare con il burro alle erbe freddo. Ripiegare per racchiudere il burro. Passare ogni pezzo nella farina condita, passarlo nell'uovo sbattuto e passarlo nel pangrattato. Premi bene le briciole sul pesce.

Mettere il pesce in una teglia imburrata. Sgocciolate sopra un po' di burro o olio fuso e il succo di limone. Cuocere per 30-35 minuti a 375F/190C.

Servire subito.

# MAIALE E AGNELLO ALLE ERBE

## 42. Cotolette di maiale alle erbe

Resa: 4 porzioni

**Ingrediente**

- 1 uovo
- ⅓ tazza Pangrattato secco
- ¼ tazza di basilico fresco, tritato
- 2 cucchiai Origano fresco, tritato
- 1 cucchiaio di parmigiano, fresco grattugiato
- 1 cucchiaino di timo fresco, tritato
- ½ cucchiaino di pepe
- ¼ cucchiaino di sale
- 1 libbra di cotolette di maiale fritte
- 2 cucchiai di olio vegetale

**Indicazioni:**

In un piatto fondo, sbattere leggermente l'uovo. In un piatto fondo a parte, unire il pangrattato, il basilico, l'origano, il parmigiano, il timo, il pepe e il sale. Immergere la carne di maiale nell'uovo per ricoprire bene; premere nel composto di pangrattato, girando per ricoprire tutto.

In una padella capiente fate scaldare metà dell'olio. A fuoco medio; cuocere la carne di maiale, in lotti e aggiungendo l'olio rimanente se necessario, girando una volta, per 8-10 minuti o fino a quando all'interno rimane solo un pizzico di rosa. Servire con patate novelle rosse e fagioli gialli.

## 43. Salsiccia alle erbe del monastero

Resa: 1 porzione

**Ingrediente**

- 400 grammi Carne di maiale magra
- 400 grammi Manzo magro
- 200 grammi Lardo o grasso di maiale verde
- Pancetta di maiale senza pelle
- 20 grammi di sale
- 2 cucchiaini di pepe bianco macinato finemente
- 1 cucchiaino di timo
- 1 cucchiaino di maggiorana
- 5 pezzi di peperoncino
- 1 pezzo finemente macinato
- Cannella

**Indicazioni:**

Tritare carne di maiale, manzo e grasso con un disco da 8 mm. Mescolare erbe e spezie e cospargere sulla massa di carne e mescolare il tutto a mano per 5-10 minuti.

Montare l'imbuto nel mixer e riempire le budella di maiale. Ruota nella lunghezza che preferisci.

## 44. Filetto di agnello alle erbe

Resa: 4 porzioni

**Ingrediente**

- 450 grammi Filetto di collo d'agnello
- 1 cucchiaino di timo essiccato
- 1 cucchiaino di rosmarino essiccato
- 2 spicchi d'aglio, affettati sottilmente
- 2 cucchiai di olio d'oliva
- Sale e pepe nero appena macinato

**Indicazioni:**

Tagliate ogni pezzo di agnello a metà trasversalmente, poi tagliatelo nel senso della lunghezza, non del tutto, e apritelo a libro. Per cucinare in sicurezza su un barbecue, ogni pezzo non deve essere più spesso di 2 cm/ $\frac{3}{4}$ pollici. Se è più spesso, sbatti leggermente con un mattarello tra 2 pezzi di pellicola trasparente

Unire tutti gli altri ingredienti in una ciotola e aggiungere l'agnello. Mescolate bene, poi coprite e lasciate in frigo per un massimo di 48 ore, girando di tanto in tanto.

Disporre la carne sulla griglia del barbecue e cuocere per 4-5 minuti per lato.

Assicurati che sia ben cotto. Spennellare leggermente con la marinata durante la cottura.

# VERDURE ALLE ERBE

## 45. Asparagi con salsa alle erbe

Resa: 4 porzioni

**Ingrediente**

- 1 libbra di asparagi; gambi pelati
- 1 se necessario
- 1 succo e scorza di 1 limone
- ½ tazza di olio d'oliva
- 1 cucchiaio di erba cipollina fresca tritata
- 1 cucchiaio di aneto fresco tritato
- 1 cucchiaio di prezzemolo fresco tritato
- 1 cucchiaino di menta tritata
- sale
- Pepe nero appena macinato

**Indicazioni:**

In una pentola capiente di acqua bollente salata sbollentare gli asparagi finché sono teneri ma non molli. Scolare e "shock" le lance in acqua ghiacciata per raffreddare rapidamente. Scolare e asciugare. In una piccola ciotola sbatti insieme gli ingredienti rimanenti fino ad emulsionare; Aggiustare di sale e pepe.

Poco prima di servire condite gli asparagi con il condimento al limone.

## 46.Casseruola di mais alle erbe

Resa: 1 porzione

**Ingrediente**

- 1 tazza di latte
- ½ tazza di maionese
- 1 uovo, ben sbattuto
- 1 lattina Mais intero, sgocciolato
- 1 tazza di ripieno di pane condito con erbe aromatiche
- 1 Cipolla piccola, tritata
- 1 cucchiaino di prezzemolo in scaglie
- 1 tazza di briciole di pane secco
- 2 cucchiai di olio

**Indicazioni:**

Unire il latte e la maionese, mescolare bene. Aggiungere l'uovo, il mais, il ripieno, la cipolla e il prezzemolo. Versare in una teglia rotonda da 8 pollici imburrata e infarinata. Condite le briciole di pane con l'olio fuso. Cospargere sopra il mix di mais.

Infornate a 350 gradi per 30 minuti.

## 47. Capesante di mais alle erbe

Resa: 4 porzioni

**Ingrediente**

- 2 uova
- 2 lattine Crema di mais (2 libbre)
- ½ tazza di latte
- 4 cucchiai Margarina sciolta
- 2 cucchiai di cipolla tritata
- ½ cucchiaino di sale
- ¼ cucchiaino di pepe
- 2 tazze Ripieno pronto alle erbe aromatiche

**Indicazioni:**

Sbattere leggermente le uova in una ciotola media, unire mais, latte, burro, cipolla, sale e pepe. Versare ½ miscela di mais in una teglia unta da 8 tazze; cospargere il ripieno su uno strato uniforme sopra; versare il composto di mais rimanente sopra il ripieno

Infornate a 180° per 1 ora, o fino a quando il centro non sarà quasi rappreso, ma ancora leggermente umido

## 48. Riso alle erbe al forno con noci pecan

Resa: 4 porzioni

**Ingrediente**

- 6 cucchiai di burro
- 1 tazza di funghi freschi affettati
- ½ tazza di scalogno tritato
- 1 tazza di riso a grani lunghi
- ½ tazza di noci pecan tritate -- tostate
- 1¼ tazza di brodo
- Sale e pepe macinato fresco
- 1 cucchiaio di salsa Worcestershire
- 1 cucchiaino di timo essiccato
- 1 cucchiaino di rosmarino essiccato
- 2 once di Pimentos - tritati
- 2 cucchiai tritati -- prezzemolo fresco
- Tabasco a piacere
- 2 foglie di alloro

**Indicazioni:**

Preriscaldare il forno a 350 gradi. Sciogliere il burro in una padella antiaderente pesante.

Soffriggere i funghi e lo scalogno finché sono teneri

Aggiungere il riso e le noci pecan e mescolare fino a quando non sarà ricoperto di burro. Aggiungere gli ingredienti rimanenti e portare a bollore. Togliere dal fuoco, coprire e cuocere per 1 ora o fino a quando il riso è tenero. Rimuovere le foglie di alloro; guarnire con le noci pecan e servire caldo.

## 49. Insalata di verdure

Resa: 6 porzioni

**Ingrediente**

- 1 ½ chilo di asparagi
- 3 carote sottili, sbucciate
- ¼ di libbra di piselli di zucchero
- 1 spicchio d'aglio medio, sbucciato e tritato
- 2 cucchiaini di senape di Digione in stile country
- 2 cucchiai di succo di limone
- 1 cucchiaio di Riso o aceto di vino bianco
- Sale e pepe macinato fresco a piacere
- 2 cucchiai di erbe aromatiche tritate
- 3 pomodorini, tagliati a fettine sottili

**Indicazioni:**

Portare a bollore una pentola d'acqua. Aggiungere gli asparagi. Aggiungere le carote ei piselli; tempo 2 minuti. Scolate e tuffate le verdure nell'acqua ghiacciata.

Quando le verdure si saranno raffreddate, scolatele e avvolgetele in carta assorbente. Mettere in un sacchetto di plastica e conservare in frigorifero.

In un frullatore o in un piccolo robot da cucina unire l'aglio, la senape, il succo di limone e l'aceto. Aggiungere lentamente l'olio, mescolando fino ad emulsionare. Aggiungere il sale, il pepe e le erbe aromatiche.

Al momento di servire, unire gli asparagi, le carote e i piselli con i pomodori. Versare il condimento sulle verdure, mescolando fino a quando non saranno ben ricoperte.

.

## 50. Insalata di ceci ed erbe aromatiche

Resa: 2 porzioni

**Ingrediente**

- 1 lattina di ceci (16 once)
- 1 cetriolo medio, sbucciato
- 1 pomodoro grande
- 1 Peperone rosso, privato dei semi e tagliato a dadini
- 2 scalogno, tritato
- 1 Avocado
- ⅓ tazza di olio d'oliva
- 1 limone
- ¼ cucchiaino di sale
- ⅛ cucchiaino di pepe bianco
- 8 Foglie di basilico fresco, tritate
- ⅓ tazza Aneto, fresco

**Indicazioni:**

Scolate i ceci e sciacquateli bene. Tagliate il cetriolo a fettine sottili e poi dimezzatele. Tagliare il pomodoro a spicchi e poi dimezzarlo. Metti i cetrioli e i pezzi di pomodoro, nonché i peperoni rossi e lo scalogno, in una ciotola. Accantonare. Taglia a dadini l'avocado. Mettere in una ciotola capiente e aggiungere l'olio e il succo di metà limone.

Aggiungere il sale, il pepe e il basilico. Mescolare con una forchetta (l'avocado diventerà una crema). Aggiungere le verdure e l'aneto al composto di avocado. Agitare delicatamente. Aggiungere i ceci e unire. Assaggiate e aggiungete altro limone, sale e pepe quanto basta. Servire. Si può preparare in anticipo e refrigerare.

## 51.Zuppa di zucca estiva

Resa: 1 porzione

**Ingrediente**

- 4 zucchine medie; lavare, affettare 1"
- 1 grande zucca gialla a collo alto; lavare, affettare 1"
- 1 tortiera di zucca; squartato
- 1 cipolla grande; affettato finemente
- 1 cucchiaino di aglio; tritato finemente
- 3 tazze di brodo di pollo; sgrassato (da 3 a 3,5)
- Sale e pepe bianco macinato fresco; assaggiare
- 2 cucchiai di basilico fresco; tritato
- 2 cucchiai di prezzemolo fresco; tritato
- 1 cucchiaio di succo di limone
- 1 tazza di latticello
- Basilico fresco; tritato
- Prezzemolo fresco; tritato

**Indicazioni:**

In una pentola capiente mettete tutta la zucca. Aggiungere la cipolla, l'aglio, il brodo e sale e pepe; portare a ebollizione, coprire, abbassare la fiamma e far sobbollire per 20-25 minuti.

Frullare in un robot da cucina o in un frullatore con il basilico, il prezzemolo e il succo di limone fino ad ottenere un composto omogeneo

Unire il latticello

Al momento di servire, frullare fino ad ottenere un composto omogeneo e aggiustare di sale e pepe.

## 52. Erbe fresche e parmigiano

Resa: 6 porzioni

**Ingrediente**

- 5 tazze di brodo di pollo o vegetale
- 3 cucchiai di olio d'oliva
- ½ cipolla grande; tritato
- 1½ tazza di riso Arborio
- ½ bicchiere di vino bianco secco
- ¾ tazza di parmigiano; grattugiato
- 1 tazza di erbe fresche miste
- ½ tazza di peperoni rossi arrostiti; tritato
- Sale e pepe; assaggiare

**Indicazioni:**

In una piccola casseruola a fuoco alto, portare il brodo a bollore. Abbassare la fiamma al minimo e mantenere il liquido caldo.

Soffriggere la cipolla, aggiungere il riso e mescolare finché non appare una macchia bianca al centro dei chicchi, circa 1 minuto. Aggiungere il vino e mescolare fino a quando non sarà assorbito. Aggiungere il brodo lentamente mescolando.

Aggiungere ¾ tazza di parmigiano, erbe aromatiche, peperoni arrostiti e sale e pepe a piacere. Mescolare per amalgamare.

## 53.Confetti vegetali alle erbe

Resa: 1 porzione

**Ingrediente**

- 3 carote medie; pelato
- 1 zucchina media; estremità tagliate
- 1 cucchiaino di olio d'oliva
- $\frac{1}{8}$ cucchiaino di noce moscata macinata
- $\frac{1}{8}$ cucchiaino di Timo

**Indicazioni:**

Grattugiare carote e zucchine sul lato grosso di una grattugia.

In una padella di medie dimensioni, scaldare l'olio a fuoco medio-alto. Unire le verdure, la noce moscata e il timo. Cuocere per 3-4 minuti, mescolando di tanto in tanto, fino a quando le verdure non saranno appassite.

## 54. Zuppa bavarese alle erbe

Resa: 4 porzioni

**Ingrediente**

- 1 libbra di erbe
- 4 cucchiai di burro
- 1 cipolla grande, tritata
- 1 litro di acqua o brodo vegetale
- 1 patata grande, sbucciata e tagliata a cubetti
- sale e pepe
- cubetti di pane per crostini
- cerfoglio, crescione, spinaci, acetosa

**Indicazioni:**

Sciogliere il burro in una padella profonda e soffriggere la cipolla dolcemente fino a renderla trasparente. Aggiungere le erbe aromatiche e farle appassire un attimo prima di versare l'acqua o il brodo. Aggiungere la patata alla zuppa. Portare a bollore la zuppa, quindi abbassare la fiamma. Cuocere per 20 minuti. Schiacciare la patata nella zuppa per farla addensare un po'. Assaggiate, aggiungete sale e pepe appena macinato.

Servire con crostini di pane fritti nel burro o nel grasso di pancetta

## 55. Orzo alle erbe arrosto

Resa: 1 porzione

**Ingrediente**

- 1 cipolla grande
- ½ stick di burro
- ½ libbra di funghi freschi, affettati
- 1 tazza di orzo perlato
- 1 cucchiaino di sale
- 3 tazze di brodo vegetale
- 1 cucchiaino di timo
- ½ cucchiaino di maggiorana
- ½ cucchiaino di rosmarino
- ¼ cucchiaino di salvia
- ½ cucchiaino di santoreggia estiva

**Indicazioni:**

Tritare finemente la cipolla. In una padella ampia e resistente al forno, cuocete la cipolla nel burro per circa 5 minuti fino a quando non diventa traslucida. Aggiungere i funghi e cuocere per altri 3 minuti. Unire tutti gli altri ingredienti tranne il brodo, schiacciando le erbe aromatiche prima di aggiungerle.

Fate rosolare a fuoco moderato, mescolando per qualche minuto per ricoprire l'orzo

Scaldare il brodo in una padella separata e aggiungere il brodo al composto di orzo quando è caldo.

Coprire la teglia con un foglio di alluminio e cuocere per circa un'ora in forno preriscaldato a 350 gradi (F.).

## 56. Arrosto di anacardi con ripieno di erbe

Resa: 1 arrosto

**Ingrediente**

- 2 once di burro
- 1 cipolla grande; affettato
- 8 once di anacardi non tostati
- 4 once di pane bianco; croste rimosse
- 2 spicchi d'aglio grandi
- Sale e pepe nero appena macinato
- Noce moscata grattugiata
- 1 cucchiaio di succo di limone
- 2 once di burro (o margarina)
- 1 Cipolla piccola; grattugiato
- ½ cucchiaino di timo
- ½ cucchiaino di maggiorana
- 1 oncia di prezzemolo; tritato

**Indicazioni:**

Impostare il forno a 200°C/400°F/Gas Mark 6 e foderare una teglia da 450 g/1 libbra con una lunga striscia di carta antiaderente; utilizzare un po' di burro per ungere bene lo stampo e la carta. Sciogliere la maggior parte del burro rimanente in una casseruola di medie dimensioni, aggiungere la cipolla e soffriggere per circa 10 minuti fino a quando sono teneri ma non dorati. Togliere dal fuoco.

Tritare gli anacardi in un robot da cucina con il pane e l'aglio e aggiungere alla cipolla, insieme all'acqua o al brodo, sale, pepe, noce moscata grattugiata e succo di limone a piacere. Amalgamare tutti gli ingredienti del ripieno.

## 57. Kasha con frutta secca

Resa: 6 porzioni

**Ingrediente**

- 2 cucchiai di olio di canola
- 1 cipolla grande, tritata finemente
- 3-4 gambi di sedano
- 2 cucchiai di salvia, tritata
- 2 cucchiai di foglie di timo
- Sale e pepe a piacere
- Buccia di 1 limone, tritata
- 4 tazze di semole kasha intere cotte nel brodo di pollo per un sapore extra
- 1 tazza di frutta secca mista a dadini
- ½ tazza di noci tostate

**Indicazioni:**

Scaldare l'olio in una padella ampia e soffriggere, le cipolle, mescolando di tanto in tanto, fino a quando non saranno appassite. Aggiungere il sedano, la salvia, il timo, il sale e il pepe e cuocere, mescolando, per altri 5 minuti.

Unire la scorza di limone e unire alla kasha cotta. Cuocete a vapore la frutta secca in una vaporiera per verdure e aggiungetela insieme alle noci.

Servire caldo come contorno o utilizzare come ripieno.

# DOLCI ALLE ERBE

## 58. Gelato alle erbe al limone

Resa: 1 lotto

**Ingrediente**

- $1\frac{1}{2}$ tazza di panna da montare
- $1\frac{1}{2}$ tazza di latte
- $\frac{2}{3}$ tazza di zucchero
- 3 tuorli d'uovo
- $\frac{1}{2}$ cucchiaino di estratto di vaniglia
- $\frac{1}{2}$ scorza di limone e succo di limone
- $\frac{1}{4}$ tazza di foglie di verbena al limone
- $\frac{1}{4}$ tazza di foglie di melissa

**Indicazioni:**

Mescolare e scaldare la panna, il latte e lo zucchero fino a quando lo zucchero non si sarà sciolto.

In una piccola ciotola, sbatti leggermente i tuorli d'uovo. Versare 1 tazza della miscela di panna calda nella ciotola. Mescolate continuamente con un cucchiaio di legno. Unire la vaniglia. Incorpora la buccia di limone, il succo di limone e le erbe aromatiche di limone sode nella base del gelato caldo.

Versare il composto in una gelatiera e congelare secondo le istruzioni del produttore.

## 59. Gelatina alle erbe

Resa: 8 Mezze pinte

**Ingrediente**

- 1½ tazza di foglie di erbe aromatiche, fresche
- 3½ tazza di zucchero
- 1 goccia Colorante alimentare, verde
- 2¼ tazza; Acqua, fredda
- 2 cucchiai di succo di limone
- pectina, liquido; sacchetto + 2 t.

**Indicazioni:**

Unire l'erba e l'acqua in una casseruola; portare a ebollizione completa, coperto e togliere dal fuoco per lasciare in infusione per 15 minuti. Versare in un sacchetto di gelatina e lasciar sgocciolare per un'ora. Dovresti avere 1-¾ tazze di infusione.

Unisci l'infuso, il succo di limone, lo zucchero e il colorante alimentare e cuoci a fuoco alto fino a raggiungere il bollore completo. Aggiungere la pectina liquida e portare di nuovo a bollore, mescolando continuamente.

Togliere dal fuoco, schiumare la schiuma e versare un mestolo in vasetti di gelatina sterilizzati da mezza pinta, lasciando $\frac{1}{4}$ di spazio di testa. Procedere come per le gelatine di frutta

## 60. Biscotti alle erbe al limone

Resa: 1 lotto

**Ingrediente**

- 1 tazza di burro
- 2 tazze di zucchero; diviso
- 2 uova
- 1 cucchiaino di estratto di vaniglia
- 2½ tazza di farina
- 2 cucchiaini di lievito in polvere
- ¼ cucchiaino di sale
- ⅓ tazza Erbe di limone essiccate
- ⅓ totale tazza: erbe aromatiche

**Indicazioni:**

Crema di burro e 1¾ tazze di zucchero

Aggiungere le uova e la vaniglia; battere bene.

Unire la farina, il lievito, il sale e le erbe aromatiche. Aggiungere al composto cremoso; mescolare.

Far cadere l'impasto a cucchiaini da tè, a 3 pollici di distanza, su una teglia unta.

Cuocere a 350 F. per 8-10 minuti, o fino a doratura. Raffreddare leggermente, quindi rimuovere su una griglia.

## 61. Tortino di pollo alle erbe

Resa: 4 porzioni

**Ingrediente**

- 2 cucchiai di burro
- 1 cipolla, tritata
- ½ cucchiaino di salvia fresca e timo tritati
- 2 cucchiaini Aglio fresco tritato
- 2 cucchiai Pepe verde tritato
- 2 cucchiai Farina
- Da 1½ a 1 3/4 tazze di brodo di pollo
- 2 tazze di pollo cotto
- 1 cucchiaio di maggiorana dolce tritata
- 1 tazza di rapa gialla
- 2 tazze di patate cerose
- 2 tazze di carote, sbucciate e tagliate
- Sale, pepe di Caienna

**Indicazioni:**

Sciogliere il burro in una casseruola capiente e aggiungere la cipolla, la salvia e il timo. Unire l'aglio e il peperone verde.

Lessate la rapa e le patate in acqua bollente per 5 minuti. Aggiungere le carote e cuocere per altri 3 minuti.

Tagliare l'accorciamento. Unire il latte con una forchetta. Pat l'impasto insieme. Pat l'impasto a uno spessore di 1 pollice. Tagliare i biscotti con un tagliabiscotti.

## 62. Mix di popover alle erbe

Resa: 1 porzione

**Ingrediente**

- 2 tazze di farina
- 1 cucchiaino di sale
- ¼ cucchiaino di timo
- ¼ cucchiaino POPOVER di salvia sbriciolata:
- 8 cucchiai di burro
- 1 confezione Mix
- 2 tazze di latte
- 6 uova
- Mescolare: unire e conservare in un contenitore ermetico.

**Indicazioni:**

Popover alle erbe: preriscaldare il forno a 400 e mettere il burro in ciascuno degli 8 stampini per crema pasticcera o stampini per popover. Mettere in forno a sciogliere il burro.

In una ciotola capiente, unire il composto, il latte e le uova e mescolare con una frusta a filo fino ad ottenere un composto liscio. Versare nelle tazze preparate fino a $2/3$ pieno.

# PANE ALLE ERBE

## 63. Involtini alle erbe

Resa: 12 porzioni

## Ingrediente

- 4 cucchiai di burro o margarina
- 3 cucchiai Cipolla tritata finemente
- 1 spicchio d'aglio; tritato
- ¾ cucchiaino di origano essiccato
- ¾ cucchiaino di basilico essiccato
- ¾ cucchiaino Dragoncello essiccato
- 1 tazza di acqua
- 3 tazze di farina per tutti gli usi
- 1 cucchiaino di sale
- 1½ cucchiaino di zucchero
- 1½ cucchiaino di lievito Red Star

## Indicazioni:

Sciogliere il burro. Aggiungere la cipolla, l'aglio e le erbe aromatiche. Rosolare a fuoco medio

Mettere tutti gli ingredienti nella teglia e selezionare Impasto, premere Start.

Sformare l'impasto e arrotolare delicatamente e allungare l'impasto in una corda da 24 pollici.

Con un coltello affilato dividere l'impasto in 18 pezzi. Formate delle palline e disponetele in uno stampo da muffin imburrato. Cuocere in forno a 400~ 12- 15 minuti fino a doratura

## 64. Pane alle erbe dell'orto

Resa: 8 porzioni

**Ingrediente**

- ¾ tazza di acqua
- 2 tazze di farina di pane bianco
- 1 cucchiaio di latte in polvere
- 1 cucchiaio di zucchero
- 1 cucchiaino di sale
- 1 cucchiaio di burro
- 3 tazze di farina di pane bianco
- 2 cucchiai Latte secco
- 2 cucchiai di zucchero
- 1½ cucchiaino di sale
- 2 cucchiai di burro
- 1 cucchiaino di erba cipollina/maggiorana/timo
- ½ cucchiaino di basilico
- 2 cucchiaini Lievito secco attivo

**Indicazioni:**

Il profumo del ripieno di tacchino riempirà la tua casa mentre cuoce questo pane saporito, grazie a tutte quelle erbe aromatiche essiccate.

Questa pagnotta è eccellente per qualsiasi sandwich di carne fredda che puoi immaginare, inclusi tacchino e mirtillo rosso. Fa anche dei gustosi crostini.

Segui le indicazioni per la tua macchina per il pane.

## 65.Pane alle erbe di lavanda

Resa: 1 pagnotta

**Ingrediente**

- 1 confezione Lievito secco attivo
- ¼ di tazza; Acqua calda
- 1 tazza di ricotta a basso contenuto di grassi
- ¼ tazza di miele
- 2 cucchiai di burro
- 1 cucchiaino Germogli di lavanda essiccati
- 1 cucchiaio di timo limone fresco
- ½ cucchiaio di basilico fresco; tritato
- ¼ cucchiaino di bicarbonato di sodio
- 2 uova
- 2½ tazza di farina non sbiancata
- Burro

**Indicazioni:**

In una piccola ciotola sciogliete il lievito nell'acqua.

In una ciotola più grande, mescolare insieme la ricotta, il miele, il burro, le erbe aromatiche, il bicarbonato di sodio e le uova. Unire la miscela di lievito. A poco a poco aggiungere la farina per formare un impasto sodo, sbattendo bene dopo ogni aggiunta.

Coprite e lasciate lievitare per circa 1 ora, o fino al raddoppio della massa.

Mescolare l'impasto con un cucchiaio. Mettere in una casseruola ben unta

Cuocere a 350 F. per un'ora per una pagnotta grande, da 20 a 30 minuti per pagnotte piccole

66. Mezzelune di erbe di grano cheddar

## Ingrediente

- 2¾ tazza di latte
- 1 cucchiaio di zucchero
- 1 confezione Lievito secco attivo
- 5½ tazza di farina integrale
- 2 cucchiaini di sale
- 1 Uova
- 3 cucchiai di burro
- ¾ tazza di farina
- 1½ tazza di formaggio cheddar grattugiato
- 2 cucchiai di semi di sesamo
- 1 cucchiaio di basilico essiccato e 1 cucchiaio di origano
- Succo di limone

## Indicazioni:

Mescolare il latte e lo zucchero in una ciotola capiente, spolverizzare con il lievito, lasciare ammorbidire. Sbattere in $3\frac{1}{2}$ tazze di farina, coprire, lasciare riposare 15 minuti. Sbattere il sale e l'uovo, quindi aggiungere il burro. Sformare e impastare su una spianatoia infarinata per 10 minuti. Mettere in una ciotola unta, girare, coprire, lasciare lievitare fino al raddoppio.

Schiacciare l'impasto, impastando gradualmente il formaggio. Dividere l'impasto in quarti. Arrotolare ciascuno in un cerchio

Spalmare l'impasto arrotolato con burro alle erbe, tagliare a spicchi, arrotolare, mettere su una teglia. Coprire liberamente. Ripetere con l'impasto rimanente. Cuocere a 375 gradi F, 25 minuti.

## 67. Pane alle erbe di farina di mais

Resa: 1 porzione

**Ingrediente**

- 1 confezione (5/16 once) di lievito
- 1 tazza di farina non sbiancata
- ¾ tazza di farina per pane
- ½ tazza di farina di mais bianca o gialla
- 4 cucchiai di erbe aromatiche fresche tritate
- 1 cucchiaio di olio vegetale
- 1 cucchiaino di sale
- 1 cucchiaio di zucchero
- ⅞ tazza d'acqua
- Erba cipollina, coriandolo, prezzemolo italiano o basilico, OPPURE 4 cucchiaini di erbe aromatiche secche.

**Indicazioni:**

Metti tutti gli ingredienti, nell'ordine indicato, nella macchina per il pane, seleziona Pane BIANCO e premi Start.

Servire caldo con burro dolce.

## 68. Mezzaluna alle erbe di campagna

Resa: 8 porzioni

**Ingrediente**

- 1 lattina (8 once) Pillsbury Crescent
- Involtini per la cena
- 1 cucchiaio di panna acida da latte
- ½ cucchiaino istantaneo tritato o tritato
- Cipolla
- ½ cucchiaino di prezzemolo secco in scaglie
- ½ cucchiaino di salvia macinata
- ¼ cucchiaino di sale di sedano

**Indicazioni:**

Srotolare la pasta; separare in 8 triangoli. Unire gli ingredienti rimanenti; distribuire uniformemente su ogni triangolo. Arrotolare, posizionare e cuocere le Crescents come indicato sull'etichetta della confezione.

# CONDIMENTI ALLE ERBE

## 69. Condimento alle erbe

Resa: 1 porzione

**Ingrediente**

- ½ cucchiaino di peperoncino macinato

- 1 cucchiaio di aglio in polvere

- 1 cucchiaino Ogni basilico essiccato, maggiorana essiccata, timo essiccato, prezzemolo essiccato,

- Santoreggia essiccata, macis, cipolla in polvere, pepe nero macinato fresco, salvia in polvere.

**Indicazioni:**

Combina gli ingredienti, conserva in un contenitore ermetico in un luogo fresco e asciutto e buio fino a sei mesi.

## 70. Mix di erbe etiopi (berbere)

Resa: 1 porzione

**Ingrediente**

- 2 cucchiaini di semi di cumino interi
- 4 chiodi di garofano interi ciascuno
- $\frac{3}{4}$ cucchiaino di semi di cardamomo nero
- $\frac{1}{2}$ cucchiaino di pepe nero in grani interi
- $\frac{1}{4}$ cucchiaino di pimento intero
- 1 cucchiaino di semi di fieno greco
- $\frac{1}{2}$ cucchiaino di semi di coriandolo interi
- 10 piccoli Peperoncini rossi secchi
- $\frac{1}{2}$ cucchiaino di zenzero grattugiato
- $\frac{1}{4}$ cucchiaino di curcuma
- $2\frac{1}{2}$ cucchiaio di paprika dolce ungherese
- $\frac{1}{8}$ cucchiaino di cannella
- $\frac{1}{8}$ cucchiaino di chiodi di garofano macinati

**Indicazioni:**

In una piccola padella, a fuoco basso, tostare il cumino, i chiodi di garofano, il cardamomo, i grani di pepe, il pimento, il fieno greco e il coriandolo per circa 2 minuti, mescolando continuamente

Togliere dal fuoco e raffreddare per 5 minuti. Scartare i gambi dei peperoncini. In un macinaspezie o con mortaio e pestello, tritate finemente le spezie tostate e i peperoncini.

Unire gli altri ingredienti.

## 71. Mix di condimenti per insalata di erbe

Resa: 1 porzione

**Ingrediente**

- ¼ tazza di prezzemolo in scaglie
- 2 cucchiai Ciascuno di origano essiccato, basilico e maggiorana, sbriciolati
- 2 cucchiai di zucchero
- 1 cucchiaio di semi di finocchio, schiacciati
- 1 cucchiaio di senape secca
- 1½ cucchiaino di pepe nero

**Indicazioni:**

Metti tutti gli ingredienti in un barattolo da 1 litro, copri bene e agita bene per mescolare. Conservare in un luogo fresco, buio e asciutto

Per 1 tazza per preparare il condimento per vinaigrette alle erbe: in una piccola ciotola, sbatti insieme 1 cucchiaio di condimento per insalata di erbe, $\frac{3}{4}$ tazza di acqua tiepida, $2\frac{1}{2}$ cucchiai di aceto di dragoncello o aceto di vino bianco, 1 cucchiaio di olio d'oliva e 1 spicchio d'aglio schiacciato.

Assaggia e aggiungi da $\frac{1}{4}$ a $\frac{1}{2}$ cucchiaino di condimento per insalata di erbe se vuoi un sapore più forte. Lasciar riposare a temperatura ambiente almeno 30 minuti prima dell'utilizzo, quindi frullare ancora.

## 72. Aceto di erbe miste

Resa: 1 porzione

**Ingrediente**

- 1 pinta di aceto di vino rosso
- 1 pezzo di aceto di sidro
- 2 Spicchi d'aglio sbucciati e tagliati a metà
- 1 ramo di dragoncello
- 1 rametto di timo
- 2 rametti di origano fresco
- 1 gambo piccolo di basilico dolce
- 6 grani di pepe nero

**Indicazioni:**

Versare il vino rosso e l'aceto di sidro in un barattolo da un quarto. Aggiungere l'aglio, le erbe aromatiche, i grani di pepe e coprire. Lasciar riposare in un luogo fresco, al riparo dal sole, per tre settimane. Agitare di tanto in tanto. Versare nelle bottiglie e tappare con il tappo di sughero.

## 73. Pesto misto alle erbe

Resa: 1 porzione

**Ingrediente**

- 1 tazza di prezzemolo fresco a foglia piatta confezionato
- ½ tazza di foglie di basilico fresco confezionate;
- 1 cucchiaio di foglie di timo fresco
- 1 cucchiaio di foglie di rosmarino fresco
- 1 cucchiaio di foglie di dragoncello fresche
- ½ tazza di parmigiano grattugiato fresco
- ⅓ tazza di olio d'oliva
- ¼ tazza di noci; dorato tostato
- 1 cucchiaio di aceto balsamico

**Indicazioni:**

In un robot da cucina frullare insieme tutti gli ingredienti con sale e pepe a piacere fino ad ottenere un composto liscio. (Conserve di pesto, superficie coperta con pellicola trasparente, refrigerate, 1 settimana.)

## 74. Marinata di senape alle erbe

Resa: 1 porzione

**Ingrediente**

- ½ tazza di senape di Digione
- 2 cucchiai di senape secca
- 2 cucchiai di olio vegetale
- ¼ bicchiere di vino bianco secco
- 2 cucchiai Dragoncello essiccato
- 2 cucchiai di timo essiccato
- 2 cucchiai Salvia secca, schiacciata

**Indicazioni:**

Mescolare tutti gli ingredienti in una ciotola. Lasciar riposare 1 ora. Aggiungere il pollo o il pesce e ricoprire bene. Lasciar riposare nella marinata. Asciugare con carta assorbente

Usa la marinata rimanente per ungere il pesce o il pollo appena prima di toglierli dalla griglia.

## 75. Salsa dolce alle erbe

Resa: 1 porzione

**Ingrediente**

- ⅓ tazza Crema pesante
- ¾ tazza di latticello
- 1 cucchiaino Scorza di limone grattugiata
- ¼ cucchiaino di zenzero macinato
- ⅛ cucchiaino Cardamomo macinato
- ¼ tazza di Garam masala, pimento o
- Noce moscata

**Indicazioni:**

Montare la panna in una ciotola fredda e di medie dimensioni fino a quando non si formano picchi morbidi.

Mescolare insieme gli ingredienti rimanenti in una ciotolina e incorporarli delicatamente alla crema. La salsa deve avere la consistenza di una crema densa.

## 76. Condimento agli agrumi

Resa: 1 porzione

**Ingrediente**

- ½ peperone rosso di media grandezza,
- 2 medie Pomodori, tagliati
- ½ tazza di basilico fresco sfuso
- 2 spicchi d'aglio, tritati
- ½ tazza di succo d'arancia fresco
- ½ tazza di prezzemolo fresco sfuso
- ¼ tazza di aceto di lamponi
- 1 cucchiaio di senape secca
- 2 cucchiaini di foglie di timo fresco
- 2 cucchiaini Dragoncello fresco
- 2 cucchiaini di origano fresco
- Pepe nero macinato

**Indicazioni:**

Unire tutti gli ingredienti in un frullatore o robot da cucina e frullare fino a ottenere una purea.

## 77. Condimento alle erbe aromatiche

Resa: 6 porzioni

**Ingrediente**

- 1 cucchiaio di latte
- 12 once di ricotta
- 1 cucchiaino di succo di limone
- 1 piccola fetta di cipolla -- sottile
- 3 Ravanelli -- Dimezzato
- 1 cucchiaino di erbe aromatiche per insalata mista
- 1 rametto di prezzemolo
- $\frac{1}{4}$ cucchiaino di sale

**Indicazioni:**

Metti il latte, la ricotta e il succo di limone in un contenitore per frullatori e frulla fino ad ottenere un composto liscio. Aggiungere gli altri ingredienti al composto di ricotta e frullare fino a quando tutte le verdure non saranno tritate.

## 78. Miscela di erbe di Provenza

Resa: 1 porzione

**Ingrediente**

- $\frac{1}{2}$ tazza di timo intero essiccato
- $\frac{1}{4}$ tazza di basilico intero essiccato
- 2 cucchiai di origano intero essiccato
- 2 cucchiai di rosmarino intero essiccato

Mescolare le spezie, insieme accuratamente. Conservare in un contenitore ermetico

## 79. Marinata alle erbe e olio

Resa: 1 porzione

**Ingrediente**

- Succo e scorza di 1 arancia
- ¼ tazza di succo di limone
- ¼ tazza di olio vegetale
- ½ cucchiaino di zenzero
- ½ cucchiaino di salvia
- 1 spicchio d'aglio, tritato
- Pepe appena macinato

**Indicazioni:**

Unire gli ingredienti. Lasciare marinare la carne in un piatto di vetro poco profondo per 4 ore in frigorifero. Irrorare con la marinata durante la cottura alla griglia o al barbecue.

## 80. Aceti alle erbe facili

Resa: 1 porzione

**Ingrediente**

- 4 rametti di rosmarino fresco

**Indicazioni:**

Per fare l'aceto alle erbe, metti le erbe aromatiche sciacquate e asciugate e le eventuali spezie in una bottiglia di vino sterilizzata da 750 ml e aggiungi circa 3 tazze di aceto, riempiendo fino a $\frac{1}{4}$ di pollice dalla parte superiore. Fermati con un nuovo tappo e lascialo riposare per 2 o 3 settimane. L'aceto ha una durata di almeno 1 anno.

Con l'aceto di vino rosso, utilizzare: 4 rametti di prezzemolo fresco a foglia riccia, 2 cucchiai di pepe nero in grani

# 81.Pesto di acetosa ed erba cipollina

Resa: 1 porzione

**Ingrediente**

- 1 tazza di Acetosa
- 4 cucchiai di scalogno; tritato finemente
- 4 cucchiai di pinoli; terra
- 3 cucchiai Prezzemolo; tritato
- 3 cucchiai di erba cipollina; tritato
- Buccia grattugiata di 4 arance
- $\frac{1}{4}$ Cipolle, rosse; tritato
- 1 cucchiaio di senape, secca
- 1 cucchiaino di sale
- 1 cucchiaino di pepe, nero
- 1 pizzico Pepe, Caienna
- $\frac{3}{4}$ tazza di olio. oliva

**Indicazioni:**

Frullare l'acetosa, lo scalogno, i pinoli, il prezzemolo, l'erba cipollina, la buccia d'arancia e la cipolla in un robot da cucina o in un frullatore.

Aggiungere la senape secca, il sale, il pepe e il pepe di Cayenna e mescolare di nuovo. Versare LENTAMENTE l'olio mentre la lama è in movimento.

Trasferire in vasetti di vetro temperato.

## 82. Condimento alle erbe di cetriolo

Resa: 12 porzioni

**Ingrediente**

- ½ tazza di prezzemolo
- 1 cucchiaio di aneto fresco, tritato
- 1 cucchiaino Dragoncello fresco, tritato
- 2 cucchiai di concentrato di succo di mela
- 1 cetriolo medio, sbucciato, senza semi
- 1 spicchio d'aglio, tritato
- 2 cipolle verdi
- 1½ cucchiaino di aceto di vino bianco
- ½ tazza di yogurt magro
- ¼ cucchiaino di senape di Digione

**Indicazioni:**

Unire tutti gli ingredienti tranne lo yogurt e la senape nel frullatore. Frullare fino ad ottenere un composto omogeneo, incorporare lo yogurt e la senape. Conservare in frigorifero

## 83. Strofinare alle erbe noci pecan

Resa: 1 porzione

**Ingrediente**

- ½ tazza di noci pecan - rotte
- 3 spicchi d'aglio -- tagliati a pezzi
- ½ tazza di origano fresco
- ½ tazza di timo fresco
- ½ cucchiaino di scorza di limone
- ½ cucchiaino di pepe nero
- ¼ cucchiaino di sale
- ¼ di tazza di olio da cucina

**Indicazioni:**

In un frullatore o robot da cucina, unire tutti gli ingredienti TRANNE l'olio.

Coprire e frullare più volte, raschiando i lati, fino ad ottenere una pastaforme.

Con la macchina in funzione, aggiungere gradualmente l'olio fino a quando il composto non forma una pasta.

Strofinare sul pesce o sul pollo.

## 84. Condimento alle erbe aromatiche

Rendimento: 1

**Ingrediente**

- ¾ tazza di succo d'uva bianca; o succo di mela
- ¼ tazza di aceto di vino bianco
- 2 cucchiai di pectina di frutta in polvere
- 1 cucchiaino di senape di Digione
- 2 spicchi d'aglio; schiacciato
- 1 cucchiaino di fiocchi di cipolla essiccati
- ½ cucchiaino di basilico essiccato
- ½ cucchiaino di origano secco
- ¼ cucchiaino di pepe nero; macinato grossolanamente

**Indicazioni:**

In una ciotolina, unire il succo d'uva, l'aceto e la pectina; mescolare fino a quando la pectina non si sarà sciolta. Unire la senape e gli altri ingredienti; mescolare bene. Conservare in frigorifero

## 85. Strofinare aglio-limone-erba

Resa: 1 porzione

**Ingrediente**

- ¼ tazza di aglio; tritato
- ¼ tazza di scorza di limone; grattugiato
- ½ tazza di prezzemolo; fresco, tritato fine
- 2 cucchiai di timo; fresco tritato
- 2 cucchiai di rosmarino
- 2 cucchiai di salvia; fresco, tritato
- ½ tazza di olio d'oliva

**Indicazioni:**

In una piccola ciotola, unire gli ingredienti e mescolare bene. Usa il giorno in cui è mescolato.

## 86. Salsa di erbette al dolce latte

Resa: 6 porzioni

**Ingrediente**

- 450 millilitri Panna acida
- 150 grammi di dolce latte; sbriciolato
- 1 cucchiaio di succo di limone
- 4 cucchiai di maionese
- 2 cucchiai Pasta di curry dolce
- 1 peperone rosso; tagliato a dadini
- 1 50 grammi di formaggio a pasta molle intera; (2 once)
- 1 Cipolla piccola; tagliato a dadini fini
- 2 cucchiai di erbe miste
- 2 cucchiai Passata di pomodoro
- Sale e pepe nero appena macinato
- Crudité di verdure e pita a fette

**Indicazioni:**

Dividere la panna acida in 3 ciotoline. In una ciotola, aggiungere il dolce latte e il succo di limone, nella seconda ciotola, aggiungere 2 cucchiai di maionese, pasta di curry e peperoncino. Nella terza ciotola aggiungere il formaggio molle intero, la cipolla, le erbe aromatiche e la passata di pomodoro.

Aggiungere il condimento a piacere in ciascuna delle ciotole e mescolare bene. Trasferire le salse nei piatti da portata e servire fredde con crudité di verdure e pane pita affettato.

## 87. Miscela di erbe francesi

Resa: 2 tazze

**Ingrediente**

- ½ tazza di dragoncello
- ½ tazza di Cerfoglio
- 2 cucchiai di foglie di salvia
- ½ tazza di timo
- 2 cucchiai di rosmarino
- 5 cucchiai di erba cipollina
- 2 cucchiai Scorza d'arancia, essiccata
- 2 cucchiai di semi di sedano, macinati

**Indicazioni:**

Versate tutto insieme e mescolate fino ad ottenere un composto ben amalgamato. Imballare in vasetti ed etichettare

Sbriciolare le spezie in mano durante l'uso.

Misura le spezie in volume, non in peso, a causa della grande variazione del contenuto di umidità.

## 88. Burro alle erbe e spezie

Resa: 1 porzione

**Ingrediente**

- 8 cucchiai di burro ammorbidito
- 2 cucchiai di rosmarino fresco, tritato
- 1 cucchiaio Dragoncello fresco, tritato
- 1 cucchiaio di erba cipollina fresca, tritata
- 1 cucchiaio di curry in polvere

**Indicazioni:**

Sbattere il burro ammorbidito fino a renderlo cremoso. Unire gli ingredienti rimanenti.

Mettere il burro su carta oleata ed formare un rotolo con un coltello a lama piatta.

Lasciare riposare il burro in frigorifero per almeno due ore in modo che il burro assorba completamente il sapore delle erbe aromatiche.

## 89. Condimento vegetale alle erbe

Resa: 1 porzione

**Ingrediente**

- ½ cucchiaino di prezzemolo fresco
- ½ cucchiaino Dragoncello fresco
- ½ cucchiaino di erba cipollina fresca
- ½ cucchiaino di cerfoglio fresco
- 3 cucchiai Aceto di vino
- 9 cucchiai di olio d'oliva
- 1 cucchiaino di senape di Digione
- ½ cucchiaino di sale
- ½ cucchiaino di pepe nero

**Indicazioni:**

Tritare le erbe fresche, riservando qualche foglia da usare come guarnizione.

Mettere tutti gli ingredienti in una piccola ciotola. Sbattere energicamente con una frusta a filo fino a quando non saranno ben amalgamati.

Guarnite con foglie fresche e servite subito.

## 90. Salsa di bacon, pomodoro ed erbe aromatiche

Resa: 1 porzione

**Ingrediente**

- 1 contenitore; (16 once) panna acida
- 1 cucchiaio di basilico
- 1 cucchiaio di condimento Beau Monde
- 1 pomodoro medio
- 8 fette Pancetta cotta e sbriciolata

**Indicazioni:**

In una ciotola media, mescolare tutti gli ingredienti fino a quando non saranno ben amalgamati. Coprire e raffreddare 2 ore o durante la notte.

## 91. Crema spalmabile all'aglio

Resa: 8 porzioni

**Ingrediente**

- 1 testa d'aglio
- 4 pomodori secchi; non confezionato sott'olio
- 1 tazza di yogurt magro
- ½ cucchiaino di sciroppo d'acero
- 2 cucchiai Basilico fresco; tritato
- ½ cucchiaino di peperoncino in scaglie
- ¼ cucchiaino di sale marino; appena macinato
- Pagnotta di pane italiano; affettato; opzionale

**Indicazioni:**

Avvolgere la testa d'aglio in un foglio di alluminio e cuocere in forno preriscaldato a 375F per 35 minuti.

Portare a bollore i pomodori secchi in poca acqua. Lasciar riposare per 15 minuti, quindi scolare su carta assorbente. Tritare finemente una volta essiccato.

Unire tutti gli ingredienti tranne il pane con una frusta a filo. Lasciar riposare per almeno 30 minuti.

## 92. Chevre con erbe aromatiche spalmate

Resa: 8 porzioni

**Ingrediente**

- 4 once di formaggio cremoso
- 4 once Chevre
- Erbe fresche - a piacere

**Indicazioni:**

Se stai usando le tue erbe aromatiche, rosmarino, dragoncello e santoreggia sono buone scelte, da sole o in combinazione.

Usa la crema spalmabile per farcire la neve o i piselli zuccherati, spalmare su cetrioli o zucchine, biscotti dolci, biscotti all'acqua o bagel in miniatura leggermente tostati.

# BEVANDE ALLE ERBE

## 93. Liquore speziato alle erbe

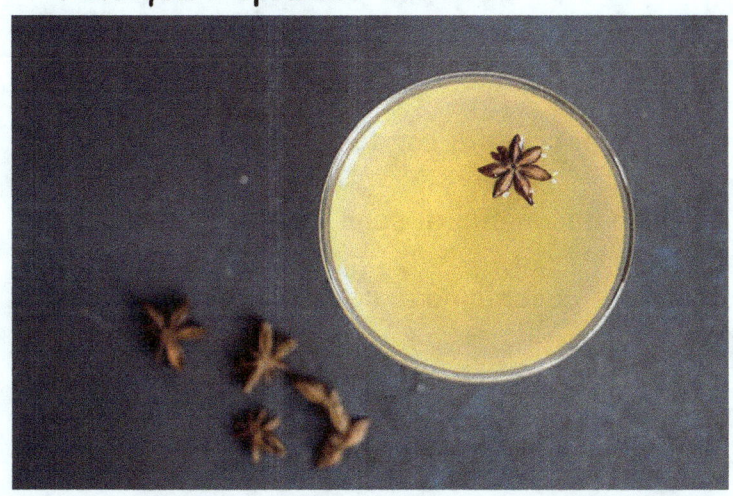

Resa: 1 quarto

**Ingrediente**

- 6 baccelli di cardamomo

- 3 cucchiaini di semi di anice

- $2\frac{1}{4}$ cucchiaino di radice di angelica tritata

- 1 stecca di cannella

- 1 chiodo di garofano

- $\frac{1}{4}$ cucchiaino di macis

- 1 Quinto di vodka

- 1 tazza di sciroppo di zucchero

- Contenitore: barattolo da 1/2 gallone

**Indicazioni:**

Rimuovere i semi dai baccelli di cardamomo. Aggiungere i semi di anice e schiacciare tutti i noccioli con il dorso di una forchetta.

Mettili in un contenitore da 1 litro aggiungendo radice di angelica, bastoncino di cannella, chiodi di garofano, macis e vodka.

Agitare bene il composto e conservare in un armadio per 1 settimana. Versare più volte attraverso un colino foderato di garza. Frullare il liquido con lo sciroppo di zucchero. Pronto da servire

## 94. Tè freddo alle erbe alla frutta

Resa: 1 porzione

**Ingrediente**

- 1 bustina di tè Tazo Passion
- 1 litro di acqua
- 2 tazze di succo d'arancia fresco
- Ruota arancione
- Foglie di menta

**Indicazioni:**

Metti la bustina di tè in 1 litro di acqua bollente e lascia in infusione per 5 minuti.

Rimuovere la bustina di tè. Versare il tè in una brocca da 1 gallone piena di ghiaccio. Quando il ghiaccio si sarà sciolto, riempite lo spazio rimasto nella caraffa con acqua.

Riempi uno shaker con metà del tè preparato e metà dei succhi d'arancia. Agitare bene e filtrare in un bicchiere tumbler pieno di ghiaccio. Guarnire con ruota d'arancia e foglie di menta.

## 95. Raffreddatore alle erbe di ghiaccio

Resa: 6 porzioni

**Ingrediente**

- 4 tazze di acqua bollente;
- 8 bustine di tè Red Zinger
- 12 once di concentrato di succo di mela
- Succo di 1 arancia
- 1 limone; affettato
- 1 arancia; affettato

**Indicazioni:**

Versare l'acqua bollente sulle bustine di tè. Lascia in infusione il tè fino a quando l'acqua non è tiepida, creando un tè molto forte. In una brocca capiente, unire il tè, il succo di mela e il succo d'arancia. Decorate la caraffa con fettine di limone e arance. Versare nei bicchieri pieni di ghiaccio e guarnire con la menta.

Resa: 1 porzione

**Ingrediente**

- Borsa di fiori di tiglio essiccati
- Acqua bollente

**Indicazioni:**

Metti semplicemente i fiori secchi, una piccola manciata per la teiera media, nella pentola. Versare l'acqua bollente e mescolare bene. Servire.

Non lasciare in infusione per più di quattro minuti poiché il sapore andrà perso.

## 96. Tisana al lampone

Resa: 8 porzioni

**Ingrediente**

- 2 bustine di tè al lampone formato famiglia
- 2 bustine di tè al Blackberry
- 2 bustine di tè al ribes nero
- 1 bottiglia di sidro di mele frizzante
- ½ tazza di concentrato di succo
- ½ tazza di succo d'arancia
- ½ tazza di zucchero

**Indicazioni:**

Mettere tutti gli ingredienti in una brocca capiente. Freddo. Serviamo il nostro con cubetti di ghiaccio alla frutta.

Riserva abbastanza succhi per riempire una vaschetta del ghiaccio e mettiamo le fette di fragole e mirtilli in ogni cubetto.

## 97. Tè al cardamomo

Resa: 1 porzione

**Ingrediente**

- 15 semi di cardamomo acqua
- ½ tazza di latte
- 2 gocce di vaniglia (a 3 gocce)
- Tesoro

**Indicazioni:**

Per l'indigestione, mescolare 15 semi polverizzati in ½ tazza di acqua calda. Aggiungi 1 oncia di radice di zenzero fresca e una stecca di cannella.

Cuocere 15 minuti a fuoco basso. Aggiungi ½ tazza di latte e fai sobbollire altri 10 minuti. Aggiungi da 2 a 3 gocce di vaniglia. Addolcire con il miele. Bere da 1 a 2 tazze al giorno.

## 98. Tè di Sassofrasso

SERVE: 10

**ingredienti**

- 4 radici di sassofrasso
- 2 litri di acqua
- zucchero o miele

**Indicazioni:**

Lavare le radici e tagliare gli alberelli dove sono verdi e dove finisce la radice.

Portare ad ebollizione l'acqua e aggiungere le radici.

Cuocere a fuoco lento finché l'acqua non diventa di un rosso brunastro intenso (più è scura, più forte - mi piace la mia forte).

Filtrare in una caraffa attraverso un filo e un filtro da caffè se non si desidera che si depositino.

Aggiungere miele o zucchero a piacere.

Servire caldo o freddo con limone e un rametto di menta.

## 99. Tè alla Moringa

Porzioni: 2

**IngredienteS**

- 800 ml di acqua
- 5-6 Foglie di menta - strappate
- 1 cucchiaino di semi di cumino
- 2 cucchiaini di Moringa in polvere
- 1 cucchiaio di succo di lime/limone
- 1 cucchiaino di miele biologico come dolcificante

**Indicazioni:**

Portare a ebollizione 4 tazze d'acqua.

Aggiungere 5-6 foglie di menta e 1 cucchiaino di semi di cumino/jeera.

Lasciate bollire finché l'acqua non sarà ridotta della metà.

Quando l'acqua si sarà ridotta della metà, aggiungete 2 cucchiaini di Moringa in polvere.

Regolare la fiamma al massimo, quando si forma la schiuma, spegnere il fuoco.

Coprite con un coperchio e lasciate riposare per 4-5 minuti.

Dopo 5 minuti, filtrare il tè in una tazza.

Aggiungere il miele biologico a piacere e spremere il succo di lime fresco.

## 100. Infuso di salvia

### ingredienti

- 6 foglie di salvia fresche, lasciate sul gambo
- Acqua bollente
- Miele (o sciroppo d'agave per vegani)
- 1 spicchio di limone

### Indicazioni

Portare l'acqua a bollore.

Lavate accuratamente la salvia.

Metti la salvia in una tazza e versaci sopra l'acqua bollente. Lasciare in infusione le erbe per 5 minuti. (Metodo alternativo: se preferisci, puoi anche tritare le foglie di salvia e metterle in un colino da tè prima di metterle in infusione.)

Togli la salvia. Incorporate un filo di miele e una spruzzata di limone (necessaria per il miglior sapore).

## CONCLUSIONE

Per pulire le erbe fresche, immergile in un bagno di acqua fredda e spostale delicatamente nell'acqua per rimuovere lo sporco o i detriti. Scuotere l'acqua in eccesso e tamponare accuratamente le erbe aromatiche con carta assorbente. Erbe più delicate come prezzemolo, coriandolo e cerfoglio dovrebbero essere maneggiate delicatamente, rispetto alle erbe robuste come rametti di rosmarino e timo.

Per conservare utilizzare un sacchetto di plastica o in un barattolo pieno d'acqua. Le erbe a foglia possono essere conservate in posizione verticale in un barattolo d'acqua, con le foglie che sporgono dalla parte superiore del barattolo. Tutte le erbe aromatiche possono anche essere conservate tra un tovagliolo di carta umido in un sacchetto di plastica ermetico nel frigorifero.

**DIVERTITI A CUCINARE CON LE ERBE!**

www.ingramcontent.com/pod-product-compliance
Lightning Source LLC
Chambersburg PA
CBHW070641120526
44590CB00013BA/811